한국사능력검정시험
제74회 매운맛 예상!

2025. 5. 24. 시행

1 매운맛 예측 근거

1) 제73회 합격률 66.15% 개편 이후 합격률 top2

제73회 한능검 합격률은 66.15%로 **개편 이후 회차 합격률 중 top2**를 기록했습니다. 또한 60%대 이상의 합격률이 나온 것은 제57회 이후 3년 만입니다. 기본적으로 한능검은 높은 합격률이 나오면 다음 회차에서 난이도 조절을 할 가능성이 높은 시험입니다. 73회차의 합격률이 현저하게 높은 것을 고려했을 때 **74회차는 어렵게 출제될 확률이 매우 높습니다!**

2) 3급 → 1급으로 갈수록 합격률 상승 추세

제73회 한능검은 3급 15.51%, 2급 17.77%, 1급 32.86%의 합격률을 보이며 **3급에서 1급으로 갈수록 합격률이 높아지는 양상**을 띠었습니다. 1급 합격률이 30%대 이상으로 책정된 것은 약 3년 만입니다. 실제로 73회차는 교재와 기출의 기본 개념을 충실히 파악한 수험생이라면 합격권에 들 수 있도록 무난하게 출제되었습니다. 이러한 높은 1급 합격률을 고려했을 때 74회차 한능검의 합격률 조정은 불가피해 보입니다. 따라서 냉정하게 판단하면 **74회차 한능검은 최소 매운맛 난이도로 출제될 것이라고 예상합니다.**

2 74회차 주목 포인트 & 학습 전략

1) 각 시대별 흐름형 유형 주목!

제73회에는 흐름형 유형의 출제 비중이 낮았고, 비교적 어려운 문제가 적은 편이었습니다.

→ 학습 전략: 각 시대별로 자주 출제되는 **흐름형 유형을 개별적으로 공부한 뒤**, 시험 직전에 해품사 유튜브의 **시대별 연표 특강**을 통해 전 범위를 종합적으로 복습할 것을 권장합니다.

2) 문화재 / 시대 통합형 유형 주목!

제73회에는 문화재 유형과 시대 통합형 유형이 적게 출제되었으며, 이는 73회차의 합격률이 높은 대표적인 원인입니다. 74회차는 난이도 조정이 예상되기 때문에 문화재, 시대 통합형 유형의 출제 비율이 늘어날 확률이 높습니다.

→ 학습 전략: 건축물, 불상, 탑 등 **전근대의 문화재 사례를 꼼꼼히 복습**해야 합니다. 공부 범위를 특정 시대에 국한하지 않고 **모든 시대별 주제를 종합적으로 공부할 것**을 권장드립니다.

유튜브 일정 check!

시험 D-21	해품사의 한능검 74회 예상유형 키워드 정리
시험 D-7	해품사의 74회 한능검 예상문제 저격특강

*강의 업로드 일정은 변경될 수 있습니다.

익숙한 유형과 키워드가 많았으나, 새로운 시도가 많았던 회차!

1 난이도: 순한 맛(중하)

익숙한 유형과 키워드가 많았으나, 새로운 출제 방식이 일부 확인되는 회차

- 자주 출제되는 익숙한 개념과 유형이 많았으며, 다른 회차에 비해 까다로운 킬러 유형의 비중이 높지 않았던 편입니다.
  └ 기출, 사료 재탕 비율은 72회차에 비해 73회차가 낮았음!
- 최근 기출 경향에 따라 개념 이해가 충분히 선행되어야 풀이가 가능한 문제들이 일부 출제되었습니다. (예 9, 32번)
  └ 이런 식으로 출제될 경우 일반적으로 합격률이 내려가지만 이번 회차는 이례적으로 높은 합격률을 기록함!
- 일부 문제의 경우 문제 제목 또는 본문을 똑바로 읽지 않았다면 실수하기 매우 좋은 사례들이 있었습니다! (예 22, 24번)
- 기존 출제 경향과 달리 한 해 첫 시험 치고 상당히 새로운 시도가 많았습니다. 특히 **시험의 범위가 공식적으로 연장되었습니다!(문재인 정부) ★★★** └ 기존에 왕 업적 유형으로 출제되지 않던 연산군이나 철종이 정답 키워드로 등장!
- 특히 예상유형 키워드 정리와 저격특강 영상에서 **50문제 중 42문제가 연계될 정도로** 매우 무난하게 풀 수 있도록 출제된 회차라 할 수 있겠습니다.

> **결론:** 한 해 첫 시험 수준을 감안하면 기존보다는 새로운 출제 방식 시도가 많이 보여 조금 더 어렵게 출제된 감은 있으나, 분명히 기출에서 자주 나왔던 유형과 키워드도 많이 출제되어 기본기가 탄탄했다면 합격은 충분히 가능했던 회차!

2 유형 분포도

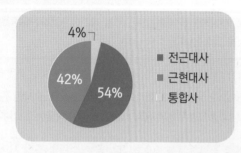

1) **전근대사 비중(54%):** 1~18번, 20~23번, 25~28번, 30번
2) **근현대사 비중(52%):** 29번, 31번~50번
3) **통합사 비중(4%):** 19번(우리나라의 세계 기록 유산), 24번(우리나라의 다양한 성)

- 거의 시대순으로 출제되었으며 번호 꼼수를 활용하기 좋은 모범 회차였습니다!
- 중간중간 시기별 통합형 유형이 일부 배치되었고, 각 시대 안에서 순서가 조금씩 바뀌어 출제되었습니다.
- 다른 회차에 비해 단일 통합형 & 복합 통합형 유형의 출제 비중이 낮은 편이었습니다!
- 공식적으로 처음 문재인 정부가 문제 & 정답 키워드로 출제되었습니다.

해품사의 한능검
73회 심화편
총평 및 해설

해품사의 한능검
73회 심화편
합격률 총평

3 제73회 오답 포인트 check!

1) 문제를 제대로 읽지 않은 수험생들! 오답에 걸려들어요! (22, 24, 26, 47번)

문제의 제목 및 본문을 정확히 읽지 않고 부분적인 내용만 파악할 경우, 문제에서 요구하는 정답 선지를 놓치고 함정 선지를 고를 확률이 높아집니다. 문제의 지문을 일부만 읽고 건너뛰지 말고 반드시 전부 읽으세요! 특히 26번의 경우 문제에서 보기로 제시한 그림의 낙관과 1번 선지 그림의 낙관이 일치했습니다. 문제를 꼼꼼히 살필 경우 얻을 수 있는 힌트는 생각보다 많다는 걸 잊지 마세요!

2) 최근 한능검은 빈출 키워드 암기만으로는 부족해요! (9, 25, 32번)

최근 한능검에는 빈출 키워드만 암기해서는 풀 수 없는 문제가 출제되고 있습니다. 빈출 키워드 암기와 함께 시험에 출제될 수 있는 키워드 관련 역사적 사실에 대한 이해가 필요합니다. 키워드는 다양한 역사적 사실과 연계 · 응용되기 때문입니다. 74회차 대비에서는 전반적인 개념 이해를 마친 다음, 빈출 키워드와 세부 키워드를 암기하는 공부 습관을 들여 보세요!

3) 신유형에도 개념 & 소거법 적용! 낯선 키워드에 당황하지 말아요! (41, 50번)

41번은 일제 강점기 대중문화 사례를 파악해야 하는, 지금까지 단 한 번도 출제된 적 없는 유형의 문제였습니다. 하지만 문제를 잘 읽고 『신여성』을 알았다면 건전 가요인 아침 이슬이라는 낯선 키워드가 나왔더라도, ②~⑤번 선지가 모두 일제 강점기의 키워드라는 것은 어렵지 않게 알 수 있었을 것입니다. 50번 역시 문재인 정부 키워드를 몰랐더라도, 오답 선지가 모두 (가) 시기에 제시된 노무현 정부 이전 사례였습니다. 즉, 킬러 문항에 대비하는 가장 좋은 방법은 탄탄한 개념 학습과 이를 바탕으로 한 소거법 전략입니다. 기본기의 중요성, 잊지 마세요!

★50문제 중 42문제 적중★

※ 유튜브 '해품사의 한방 한능검 연구소', 「해품사의 73회 한능검 예상문제 저격특강」 기준(2025. 2. 14.)

해품사의 73회 예상문제 저격특강 찐합격 후기

\# 기출 돌리면 60점-70점 나오던 제가 시험 보기 3시간 전에 봤는데 선생님 덕분에 1급 땄습니다. ㅠㅠ

\# 댓글 잘 안 다는데 댓글 남깁니다. 해품사님 인강 보고 1급 취득했네요.

\# 저 거짓말 안 치고 기출 풀면 57점 나왔는데 이거 보고 80점 나왔어요.

\# 와 감사합니다. 이 영상 보고 문제가 술술 풀려요. 대박 감사합니다.

뿌리 튼튼한
날개를 가지세요.
어떤 힘듦과 절망이 나를 통과해도
단단하게, 자유롭게.

#단단한마음 #할수있다

기출 분석 좋은~

제74회 대비
한국사능력검정시험 [심화 1·2·3급]

해품사 예상문제
저격특강

50문항 적중 키워드 + 저격 모의고사

#신석기 시대

쉽게 나올 경우

- ☑ 도구: 가락바퀴, 갈돌과 갈판, 빗살무늬 토기
- ☑ 생활상: 농경 및 정착 생활의 시작, 움집에서 거주

어렵게 나올 경우

- ☑ 도구: 덧무늬 토기, 이른 민무늬 토기(*민무늬 토기-청동기 시대)
- ☑ 유적지: 서울 암사동, 부산 동삼동 패총, 제주 고산리

통수 대비 키워드
#구석기 시대

- ☑ 도구: 뗀석기(예 긁개, 슴베찌르개, 주먹도끼, 찍개 등)
- ☑ 생활상: 동굴 및 막집에서 거주, 사냥과 채집 및 이동 생활
- ☑ 유적지: 공주 석장리(남한에서 최초로 발견된 구석기 유적지), 연천 전곡리

해품사 예측 근거

급수 개편 이후 역대 한능검 심화는 사실상 1번 문제로 선사 시대의 생활상 유형을 출제하였습니다. 이 유형은 대체로 직전 회차에서 출제된 시대와 다른 시대를 출제할 가능성이 높습니다. 특히 최근 기출에서 청동기 시대가 두 번 연속 출제되었기 때문에 74회차에서는 구석기 또는 신석기 시대가 출제될 가능성이 가장 높습니다.

➞ ***통수 대비 키워드란?**
저격 키워드 대신 기습적으로 출제될 수 있는 유력 키워드로, 출제 확률이 높을 경우 수록됩니다.

📁 여기서 무조건 나온다! 저격 키워드 기출 선지 싹 모음

선지
신석기 시대에는 가락바퀴와 뼈바늘을 사용하여 옷을 만들기 시작하였다. (47, 50, 51, 52, 53, 54, 57, 58, 62, 64, 65, 66, 68, 69, 70, 73회)
신석기 시대에는 농경과 목축이 최초로 시작되었다. (49, 56, 61회)
신석기 시대에는 빗살무늬 토기를 만들어 식량을 저장하였다. (48, 50, 55, 59, 60, 63, 66, 67, 71회)

⛑ 통수 조심! 통수 대비 키워드 기출 선지 싹 모음

선지
구석기 시대에는 주로 동굴이나 바위 그늘에서 살았다. (47, 48, 49, 50, 51, 52, 53, 55, 56, 57, 58, 59, 60, 61, 62, 63, 65, 66, 67, 68, 69, 70 ,71, 72, 73회)
구석기 시대에는 주먹도끼, 찍개 등의 뗀석기를 처음 제작하였다. (49, 57, 60, 69, 72, 73회)

저격 키워드

#부여

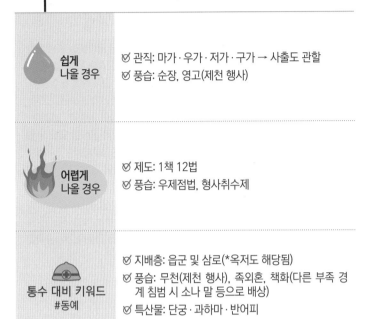

쉽게 나올 경우	☑ 관직: 마가·우가·저가·구가 → 사출도 관할 ☑ 풍습: 순장, 영고(제천 행사)
어렵게 나올 경우	☑ 제도: 1책 12법 ☑ 풍습: 우제점법, 형사취수제
통수 대비 키워드 #동예	☑ 지배층: 읍군 및 삼로(*옥저도 해당됨) ☑ 풍습: 무천(제천 행사), 족외혼, 책화(다른 부족 경계 침범 시 소나 말 등으로 배상) ☑ 특산물: 단궁·과하마·반어피

why? 해품사 예측 근거

한능검은 첫 페이지에서 선사 시대의 생활상 유형을 출제한 뒤, 다음 유형으로 고조선 또는 여러 국가의 형성과 관련된 사례를 출제하는 경향이 있습니다. 단, 고조선보다는 여러 국가(예 부여, 고구려, 옥저, 동예, 삼한)의 특징을 묻는 문제가 출제된 경우가 압도적으로 많으며, 직전 회차에서 이미 고조선이 출제되었기 때문에 74회차에서 고조선이 또 출제될 가능성은 낮다고 판단됩니다. 그러므로 역대 기출 경향에서 출제 빈도가 가장 높은 부여 관련 키워드를 우선적으로 공략할 필요가 있으며 이 외에 출제될 가능성이 있는 고구려, 동예와 관련된 키워드를 함께 암기할 것을 추천합니다.

→ *통수 대비 키워드란?
저격 키워드 대신 기습적으로 출제될 수 있는 유력 키워드로, 출제 확률이 높을 경우 수록됩니다.

📁 여기서 무조건 나온다! 저격 키워드 기출 선지 싹 모음

선지
부여에서는 여러 가(加)들이 각각 사출도를 주관하였다. (49, 50, 53, 54, 55, 57, 60, 61, 62, 63, 65, 66, 68, 69, 70, 71, 72, 73회)
부여에서는 영고라는 제천 행사를 열었다. (47, 48, 50, 51, 56, 64, 67회)

🛡 통수 조심! 통수 대비 키워드 기출 선지 싹 모음

선지
동예에서는 무천이라는 제천 행사를 열었다. (59, 63, 67, 70회)
동예는 읍락 간의 경계를 중시하는 책화가 있었다. (47, 48, 51, 53, 54, 56, 58, 60, 62, 64, 65, 69, 71회)
동예는 특산물로 단궁, 과하마, 반어피가 유명하였다. (49, 55, 56, 60, 61, 68회)

제74회
3번

저격 키워드

#백제 성왕

**쉽게
나올 경우**

☑ 정책: 사비 천도 및 국호를 남부여로 변경, 진흥왕
과 연합하여 한강 유역 일시 회복
☑ 외교: 관산성 전투(구천 인근)에서 진흥왕의 군대에
의해 전사

**어렵게
나올 경우**

☑ 정책: 중앙 관제 22부 정비, 5부 5방 체제(중앙 및
지방 행정 제도) 정비

**통수 대비 키워드
#무령왕**

☑ 정책: 백가의 난 진압, 22담로에 왕족 파견
☑ 문화유산: 무령왕릉 축조(지석 출토, 벽돌무덤 양
식, 영동대장군 백제 사마왕 시호, 중국 남조 양나
라와의 교류 증거, 삼국 시대 고분 중 피장자 및 축
조 연대 유일 확인)

why? 해품사 예측 근거

고대에서 가장 먼저 공략해야 하는 유형
은 삼국 시대의 대표적인 왕의 업적입니
다. 이 유형의 경우 고구려의 소수림왕·
광개토 대왕·장수왕, 백제의 근초고왕·
무령왕·성왕, 신라의 지증왕·법흥왕·
진흥왕을 우선적으로 공략할 필요가 있
습니다. 특히 최근 회차에서 고구려의
광개토 대왕, 백제의 근초고왕, 신라의
지증왕과 관련된 사례가 출제되었으므
로, 이 외 대표적인 왕의 업적을 공략할
것을 권장합니다. 특히 백제 성왕은 출
제될 확률이 높으니 집중적으로 공략할
것을 추천합니다.

*통수 대비 키워드란?
저격 키워드 대신 기습적으로 출제될 수 있는 유력 키워드로, 출제 확률이 높을 경우 수록됩니다.

📂 여기서 무조건 나온다! 저격 키워드 기출 선지 싹 모음

선지
성왕은 백제의 수도를 사비로 천도하고 국호를 남부여로 개칭하였다. (53, 57, 59, 61, 64, 67, 73회)
성왕은 진흥왕과 연합하여 한강 하류 지역을 되찾았다. (50, 64, 69회)

🧢 통수 조심! 통수 대비 키워드 기출 선지 싹 모음

선지
무령왕은 22담로에 왕족을 파견하였다. (49, 50, 52, 54, 55, 56, 57, 58, 59, 60, 62, 66, 68, 70회)
무령왕은 중국 남조의 양과 교류하였다. (53, 69회)

저격 키워드

#신라 법흥왕

쉽게 나올 경우

☑ 정책: 건원 연호 사용, 병부 설치, 불교 공인(이차돈의 순교), 율령 반포

어렵게 나올 경우

☑ 정책: 골품제 정비 및 상대등 설치
☑ 외교: 금관가야 합병

통수 대비 키워드
#신라 진흥왕

☑ 정책: 거칠부의 『국사』 편찬, 화랑도 정비, 황룡사 건립(*황룡사 구층 목탑은 선덕여왕 때 건립됨)
☑ 외교: 관산성 전투(구천 인근)에서 백제 성왕에 승리함, 금현성 및 도살성 점령(이사부 담당), 단양 적성비 및 순수비 건립(마운령비, 북한산비, 창녕비, 황초령비), 대가야 정복(562-이사부 담당)

why? 해품사 예측 근거

고대에서 가장 먼저 공략해야 하는 유형은 삼국 시대 대표적인 왕의 업적입니다. 이 유형의 경우 고구려의 소수림왕·광개토 대왕·장수왕, 백제의 근초고왕·무령왕·성왕, 신라의 지증왕·법흥왕·진흥왕을 우선적으로 공략할 필요가 있습니다. 특히 최근 회차에서 고구려의 광개토 대왕, 백제의 근초고왕, 신라의 지증왕과 관련된 사례가 이미 출제되었으므로, 이 외 대표적인 왕의 업적들을 공략할 것을 권장합니다. 특히 신라 법흥왕은 출제 확률이 높으니 집중적으로 공략할 것을 추천합니다.

⟶ ***통수 대비 키워드란?**
저격 키워드 대신 기습적으로 출제될 수 있는 유력 키워드로, 출제 확률이 높을 경우 수록됩니다.

📁 **여기서 무조건 나온다!** 저격 키워드 기출 선지 **싹 모음**

선지
법흥왕은 건원이라는 독자적인 연호를 사용하였다. (48, 49, 52, 60, 67회)
법흥왕은 병부와 상대등을 설치하였다. (50, 51, 62, 71, 72회)
법흥왕은 이차돈의 순교를 계기로 불교를 공인하였다. (47, 51, 54, 59, 61, 62, 63, 68, 69회)

🛡 **통수 조심!** 통수 대비 키워드 기출 선지 **싹 모음**

선지
진흥왕은 거칠부에게 명령하여 『국사』를 편찬하게 하였다. (49, 51, 54, 55, 60, 61, 67, 68, 69, 73회)
진흥왕은 국가적인 조직으로 화랑도를 개편하였다. (47, 59, 62, 63, 68회)
진흥왕은 대가야를 정복하였다. (51, 64, 66, 68회)

#삼국 통일 과정

쉽게 나올 경우	신라의 삼국 통일 과정 관련 전반적인 사건 흐름 파악 필수! ☑ 대야성 전투(윤충, 의자왕) → 김춘추, 보장왕에게 군사 요청(죽령, 마목현 등 옛 땅 요구) → 나당 동맹(648-김춘추와 당 태종 사이 동맹 체결) → 황산벌 전투(계백) → 사비성 함락 → 백제 멸망 → 백제 부흥 운동 → 고구려 멸망(평양성 함락) → 고구려 부흥 운동 → 매소성 전투·기벌포 전투
 어렵게 나올 경우	신라의 삼국 통일 과정 관련 세부적인 키워드 암기 필수! ☑ 백제와 고구려 멸망 이후 상황: 백제-웅진 도독부 설치, 고구려-안동 도호부 설치 ☑ 백제 부흥 운동: 흑치상지, 도침, 복신(흑도복) 등의 활동 및 부여풍 왕 추대 → 백강 전투(왜의 군대와 연합) ☑ 고구려 부흥 운동: 고연무, 검모잠, 안승(고건안) 등의 활동 → 보덕국 건립(신라의 지원)

why? 해품사 예측 근거

삼국 통일 과정은 고대의 대표적인 빈출 주제인 동시에, 보통 흐름형 유형으로 출제되기 때문에 난도가 높은 편입니다. 그러나 암기한 만큼 반드시 점수가 나오는 유형이므로, 전반적인 삼국 통일 흐름을 이해하고 반드시 세부 키워드를 암기할 것을 권장합니다. 특히 지난 회차들의 기출 경향을 고려했을 때 74회차에서는 백제 부흥 운동 및 나당 전쟁을 최우선으로 살펴볼 것을 추천합니다.

📁 **여기서 무조건 나온다!** 저격 키워드 기출 선지 **싹 모음**

선지
의자왕은 윤충을 파견하여 대야성을 함락하였다. (58, 60, 61, 64, 65, 67, 69, 70, 71회)
김춘추가 당과의 군사 동맹을 성사시켰다. (58, 61, 62, 64, 65, 72회)
계백이 이끄는 군대가 황산벌에서 항전하였다. (55, 58, 60, 61, 65, 68, 69, 72회)
복신과 도침이 부여풍을 왕으로 추대하였다. (48, 49, 52, 58, 62, 68, 72, 73회)
부여풍이 백강에서 왜군과 함께 당군에 맞서 싸웠다. (52, 59, 61, 67회)
안승이 신라의 지원을 받아 보덕국의 왕으로 임명되었다. (52, 58, 59, 60, 61, 64, 67, 68, 70, 71회)
신라군이 기벌포에서 당군을 격파하였다. (58, 62, 64, 66, 72회)

저격 키워드

#백제의 사회상

쉽게 나올 경우

☑ 지배층 및 귀족 회의: 왕족인 부여씨와 8성의 귀족 존재, 정사암 회의

☑ 제도: 5부 5방(중앙 및 지방 행정 제도), 22부(중앙 관청), 22담로에 왕족 파견, 6좌평과 16관등제 존재(예 내신좌평, 위사좌평 등)

어렵게 나올 경우

백제의 각 수도와 관련된 문화유산을 연계하여 출제 가능

☑ 위례성: 석촌동 고분군, 풍납동 토성

☑ 웅진(공주): 공산성, 송산리 고분군(무령왕릉)

☑ 사비(부여): 부소산성, 능산리 고분군

why? 해품사 예측 근거

최근 기출에서는 삼국 시대 사회상에 대한 전반적인 사실을 묻는 유형이 자주 출제되고 있습니다. 특히 최근 기출에서 이미 고구려, 신라의 사회상 파악을 요구하는 문제가 출제되었으므로, 74회차에는 백제의 사회상을 묻는 유형이 출제될 가능성이 높습니다.

📁 **여기서 무조건 나온다!** 저격 키워드 기출 선지 **싹 모음**

선지
백제는 내신좌평, 위사좌평 등 6좌평의 관제를 마련하였다. (51, 52, 60, 62, 68, 70, 73회)
백제는 왕족인 부여씨와 8성의 귀족이 지배층을 이루었다. (49, 57, 60, 61, 68, 73회)
백제는 정사암 회의에서 국가의 중대사를 결정하였다. (49, 50, 56, 58, 60, 62, 63, 64, 65, 67, 69, 70, 72, 73회)

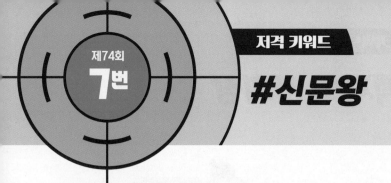

#신문왕

**쉽게
나올 경우**

- ☑ 정치: 김흠돌의 난 진압, 9주 5소경 정비(지방 행정 제도), 9서당 10정 정비(군사 제도)
- ☑ 경제: 관료전 지급 및 녹읍 폐지
- ☑ 문화: 감은사 건립, 국학 설립

**어렵게
나올 경우**

- ☑ 정치: 달구벌(대구) 천도 시도
- ☑ 문화: 설총의 「화왕계」 진상

**통수 대비 키워드
#진성 여왕**

- ☑ 정치: 원종과 애노의 난 및 적고적의 난 발생, 최치원의 「시무책 10여 조」 진상
- ☑ 문화: 「삼대목」 편찬

why? 해품사 예측 근거

한능검은 통일 신라의 왕 중에서 신문왕을 가장 많이 출제하였습니다. 특히 최근 기출 경향에서도 신문왕의 다양한 업적은 시대 통합형 유형에서 여러 방식으로 응용되고 있기 때문에, 직접적으로 왕의 업적을 묻는 유형이 출제되지 않더라도 관련 키워드를 암기해 둘 필요가 있습니다.

➡ *통수 대비 키워드란?
저격 키워드 대신 기습적으로 출제될 수 있는 유력 키워드로, 출제 확률이 높을 경우 수록됩니다.

📁 여기서 무조건 나온다! 저격 키워드 기출 선지 싹 모음

선지
신문왕은 관료전을 지급하고 녹읍을 폐지하였다. (47, 49, 51, 54, 56, 57, 60, 61, 62, 64, 67회)
신문왕 때 국학을 설립하여 유학 교육을 진흥시켰다. (51회)
신문왕은 군사 조직을 9서당 10정으로 편성하였다. (48, 56, 59, 61, 69회)
신문왕 때 왕의 장인인 김흠돌이 반란을 도모하였다. (49, 50, 51, 53, 54, 55, 58, 63, 64, 67, 72, 73회)

🪖 통수 조심! 통수 대비 키워드 기출 선지 싹 모음

선지
진성 여왕 때 **최치원**이 왕에게 **시무책 10여 조**를 건의하였다. (52, 58, 62, 63, 64, 65회)
진성 여왕 때 향가 모음집인 「삼대목」이 편찬되었다. (51, 55, 65, 67, 70회)

제74회
8번

저격 키워드
#최치원

why? 해품사 예측 근거

쉽게 나올 경우

- ☑ 활동: 「격황소서(토황소격문)」, 당나라 빈공과 합격, 진성 여왕에게 「시무책 10여 조」 진상
- ☑ 특징: 6두품 출신

어렵게 나올 경우

- ☑ 활동: 「계원필경」 저술, 「해인사 묘길상탑기」 저술

통수 대비 키워드
#장보고

- ☑ 활동: 법화원 창건, 완도 내 청해진 설치, 신무왕(김우징) 빈란 지원 → 문성왕 때 반란을 주도하다가 살해됨

최치원은 역대 기출에서 최소 일 년에 한 번씩은 반드시 언급된 대표적인 고대 빈출 인물입니다. 특히 이 인물의 경우 신라 하대 사회상 유형의 대표 인물로도 언급될 수 있습니다. 또한 고대의 인물 유형을 넓게 공략하고 싶다면, 최치원과 비슷한 시기에 활동한 장보고까지 함께 파악할 것을 권장합니다.

➘ *통수 대비 키워드란?
저격 키워드 대신 기습적으로 출제될 수 있는 유력 키워드로, 출제 확률이 높을 경우 수록됩니다.

📁 **여기서 무조건 나온다! 저격 키워드 기출 선지 싹 모음**

선지
최치원은 「격황소서」를 지어 문장가로서 이름을 떨쳤다. (70회)
최치원은 진성 여왕에게 「시무책 10여 조」를 올렸다. (52, 58, 62, 63, 64, 65회)

🛡 **통수 조심! 통수 대비 키워드 기출 선지 싹 모음**

선지
장보고는 청해진을 중심으로 해상 무역을 전개하였다. (47, 48, 49, 51, 52, 53, 55, 56, 57, 58, 61, 62, 63, 65, 69, 71회)

쉽게 나올 경우

- ✓ 기구: 문적원(문서 관리), 주자감(교육 기관), 중정대(감찰 기구)
- ✓ 제도: 3성 6부제(중앙 행정 제도, 선조성·정당성·중대성 구성), 5경 15부 62주(지방 행정 제도)
- ✓ 외교: 거란도·영주도·신라도·일본도 등을 통해 교류함, 솔빈부의 말이 특산품으로 유명함
- ✓ 문화유산: 대형 치미, 발해 석등, 연꽃무늬 수막새, 정혜 공주 묘 돌사자상, 영광탑, 이불병좌상

어렵게 나올 경우

- ✓ 대조영(초대): 동모산에서 발해 건국
- ✓ 제2대 무왕(연호 인안): 장문휴를 파견하여 당의 등주(산둥 반도) 공격, 흑수 말갈 정벌
- ✓ 제3대 문왕(연호 대흥): 중경 현덕부 → 상경 용천부 천도, 3성 6부제 정비, 철리부 등 동북방 말갈 복속
- ✓ 제10대 선왕(연호 건흥): 5경 15부 62주 정비, 전성기 때 중국으로부터 해동성국이라 불림

why? 해품사 예측 근거

발해는 매 회차 출제되는 고대의 대표적인 빈출 국가입니다. 그만큼 출제할 수 있는 키워드가 상당히 많기 때문에 국가 사실 유형, 대표 왕 업적 유형, 문화유산 유형으로 나누어 공략할 필요가 있습니다. 단, 최근 회차의 경향을 고려했을 때 문화유산과 관련된 힌트가 주로 제시되었기 때문에, 74회차의 경우 국가 관련 전반적 사실 키워드, 또는 역대 왕의 업적 관련 키워드를 언급할 가능성이 높습니다.

 여기서 무조건 나온다! 저격 키워드 기출 선지 **싹 모음**

선지
발해는 거란도, 영주도, 신라도 등을 통해 주변 국가와 교류하였다. (47, 53, 55, 63, 64, 73회)
발해는 솔빈부의 말을 특산물로 거래하였다. (48, 53, 54, 58, 59, 61, 62, 63, 65, 67, 69, 70, 72회)
발해는 유학 교육 기관으로 주자감을 설치하여 인재를 양성하였다. (47, 49, 52, 57, 58, 59, 60, 62, 64, 66, 67, 73회)
발해는 5경 15부 62주의 지방 행정 제도를 갖추었다. (51, 54, 56, 59, 63, 70회)
발해의 왕은 인안, 대흥 등 독자적인 연호를 사용하였다. (53, 65, 73회)
대조영은 고구려 유민을 모아 동모산에서 나라를 세웠다. (61, 63회)
발해 무왕은 장문휴를 보내 등주를 공격하였다. (61회)
발해 문왕은 수도를 상경 용천부로 옮겨 체제를 정비하였다. (63회)
발해 선왕은 5경 15부 62주의 지방 행정 조직을 확립하였다. (63회)

저격 키워드

#견훤

쉽게 나올 경우

- ☑ 출신 및 건국: 상주 가은현 출신 → 완산주(전주)에서 후백제 건국
- ☑ 외교 및 전투: 신라를 습격하여 경애왕 살해, 후당 및 오월에 사신 파견, 공산 전투 승리 및 고창 전투 패배
- ☑ 가족: 신검에 의해 금산사에 유폐됨

어렵게 나올 경우

후삼국의 통일 과정 유형 연계

- ☑ 왕건의 나주 점령 → 고려 건국 → 경애왕 피살(포석정) → 공산 전투(신숭겸 전사) → 고창 전투(삼태사의 활약) → 신검의 반란과 견훤의 금산사 유폐 → 견훤의 금산사 탈출 이후 고려 귀순 → 통일 신라 멸망(경순왕의 고려 귀순) → 김부(경순왕) 경주 사심관 임명 → 일리천 전투

why? 해품사 예측 근거

후삼국 시대와 관련된 유형은 최근 출제 비중이 이전보다 조금 감소하였으나, 여전히 고대의 마지막과 고려 시대를 연결하는 유형으로서 출제율이 낮지 않습니다. 특히 직전 회차에 궁예와 왕건이 동시에 출제된 것을 고려했을 때 74회차에서 만약 이 유형이 출제될 경우 견훤 또는 후삼국의 통일 과정 흐름을 다룬 유형이 출제될 가능성이 높다고 예상됩니다.

📁 **여기서 무조건 나온다! 저격 키워드 기출 선지 싹 모음**

선지
견훤은 공산 전투에서 고려군에 대승을 거두었다. (47, 57회)
견훤은 신라의 금성을 습격하여 경애왕이 피살되었다. (50, 55, 61회)
견훤은 금산사에 유폐된 후 고려에 귀부하였다. (49회)
견훤은 후당 및 오월에 사신을 파견하였다. (49, 50, 52, 54, 60, 62, 63, 64, 66, 73회)

쉽게 나올 경우

☑ 정책: 과거제 실시(후주 출신 쌍기의 건의), 관리 공복 제정, 광덕 및 준풍 연호 사용, 노비안검법 시행

어렵게 나올 경우

☑ 문화유산: 귀법사(균여 주지 임명), 논산 관촉사 석조 미륵보살 입상

통수 대비 키워드
#고려 성종

☑ 정책: 경학박사 및 의학박사 파견, 최승로의 「시무 28조」 건의, 향리제 실시, 12목 설치(외관 파견)
☑ 기구: 국자감(국립 교육 기관), 상평창(물가 조절 기구), 의창(기존의 흑창 개편)

why? 해품사 예측 근거

고려 전기 왕 업적 유형은 고려 시대의 대표적인 빈출 유형으로, 주로 왕건·광종·성종의 업적 유형이 출제되거나, 고려 전기 왕의 업적 흐름 유형을 출제합니다. 특히 지난 회차에 이미 왕건이 출제되었기 때문에 광종 또는 고려 성종의 업적 유형이 출제될 가능성이 높습니다.

⟶ *통수 대비 키워드란?
저격 키워드 대신 기습적으로 출제될 수 있는 유력 키워드로, 출제 확률이 높을 경우 수록됩니다.

📁 **여기서 무조건 나온다! 저격 키워드 기출 선지 싹 모음**

선지
광종은 광덕, 준풍 등의 독자적 연호를 사용하였다. (54, 58, 62, 63, 65, 68, 70, 72, 73회)
광종은 노비안검법을 시행하여 국가 재정을 확충하였다. (47, 49, 50, 53, 54, 59, 60, 61, 69회)

통수 조심! 통수 대비 키워드 기출 선지 싹 모음

선지
고려 성종 때 전국에 12목을 설치하고 관리를 파견하였다. (49, 53, 54, 56, 57, 61, 62, 67, 69, 70, 73회)
고려 성종 때 최승로가 왕에게 「시무 28조」를 올렸다. (48, 50, 53, 58, 60, 62, 63, 66, 68, 69회)

저격 키워드

#묘청

why? 해품사 예측 근거

고려 중기의 정치적 변동과 관련된 사건은 대표적으로 이자겸의 난, 묘청의 서경 천도 운동, 무신 정변이 있습니다. 특히 직전 회차에서는 인종 때 발생한 사건을 중심으로 왕 업적 유형이 출제되었기 때문에, 74회차에서는 같은 키워드를 활용한 흐름형 유형이 출제될 가능성이 있습니다.

쉽게 나올 경우	☑ 과정: 묘청 및 정지상 등이 서경 천도 주장 → 칭제 건원 및 금국 정벌 주장 → 묘청이 서경에서 국호 대위, 연호 천개로 하는 국가를 세우고 반란 주도 → 김부식이 이끄는 관군에 의해 진압됨 ☑ 영향: 신채호가 묘청의 서경 천도 운동을 '조선 역사상 일천년래 제일 대사건'으로 평가함
어렵게 나올 경우	고려 중기의 정치적 변동 유형 연계 ☑ 이자겸의 난과 이자겸의 금의 사대 요구 수용 → 묘청의 서경 천도 운동 → 무신 정변

📁 **여기서 무조건 나온다!** 저격 키워드 기출 선지 **싹 모음**

선지
이자겸과 척준경이 반란을 일으켜 궁궐을 불태웠다. (49, 51, 55, 62, 66, 70회)
이자겸은 금의 사대 요구를 수용하였다. (63회)
묘청은 칭제 건원과 금국 정벌을 주장하였다. (52, 57, 66, 67, 70회)
김부식은 관군을 이끌고 묘청의 난을 진압하였다. (72회)
이의방, 정중부 등이 정변을 일으켜 권력을 차지하였다. (47, 51, 54, 62, 63회)

#무신 정권

why? 해품사 예측 근거

무신 정권 유형은 고려 시대의 대표적인 정치 파트 빈출 유형으로, 크게 무신 정권과 관련된 전반적인 사실 유형 또는 인물 유형이 중점적으로 출제됩니다. 특히 사실 유형이 출제될 경우 무신 정권 시기에 발생한 반란 사례를 주요 키워드로 제시하므로, 집권자별로 발생한 대표 반란 사례를 구별하는 것이 중요합니다.

쉽게 나올 경우

- ☑ 이의방과 정중부: 무신 정변 주도
- ☑ 최충헌: 교정도감 설치(교정별감 임명), 명종에게 「봉사 10조」진상
- ☑ 최우: 강화 천도 단행(대몽 항쟁), 정방 설치, 서방 설치, 야별초 조직(삼별초의 기원)

어렵게 나올 경우

- ☑ 무신 정권 시기의 대표 반란 흐름: 이의방 정권(김보당의 난과 조위총의 난) → 정중부 정권(망이·망소이의 난) → 이의민 정권(김사미·효심의 난) → 최충헌 정권(만적의 난과 최광수의 난) → 최우(이연년 형제의 난) → 무신 정권 종결 이후(삼별초의 항쟁)

📁 여기서 무조건 나온다! 저격 키워드 기출 선지 싹 모음

선지
이의방 정권 때 김보당이 의종 복위를 주장하며 난을 일으켰다. (52, 56, 60, 61, 64, 66, 69, 72회)
이의방 정권 때 서경유수 조위총이 정중부 타도를 주장하며 반란을 일으켰다. (61, 64, 67, 70회)
정중부 정권 때 망이·망소이의 난 등 하층민의 봉기가 발생하였다. (55, 59, 60, 62, 64, 66, 67, 68, 69, 71, 73회)
최충헌 정권 때 만적이 개경에서 노비를 모아 반란을 모의하였다. (47, 49, 55, 59, 61, 62, 70, 71, 73회)
최충헌 정권 때 국정을 총괄하는 기구로 교정도감이 설치되었다. (50, 51, 55, 59, 60, 62, 67, 69, 72회)
최충헌은 「봉사 10조」를 국왕에게 올렸다. (49, 51, 52, 56, 57, 59, 64, 66, 71, 72, 73회)
최우는 인사 행정 담당 기구로 정방을 설치하였다. (49, 51, 63, 64회)

#여진

쉽게 나올 경우

☑ 여진 정벌: 윤관의 건의로 별무반 조직(숙종-신기군, 신보군, 항마군 구성) → 여진 정벌 및 동북 9성 축조와 반환(예종)

☑ 금나라: 예종 때 여진의 금나라 건국 → 인종 때 이자겸이 금의 사대 요구 수용 → 묘청과 정지상 등이 서경 천도 운동 및 금국 정벌 주장

어렵게 나올 경우

고려의 외세 방어 흐름 연계

☑ 거란 → 여진 → 몽골 → 홍건적 → 왜구

통수 대비 키워드 #거란

☑ 침략 이전: 왕건(만부교 사건) → 정종(광군 조직)

☑ 제1차 침략(성종): 서희와 소손녕의 외교 담판 → 강동 6주 획득

☑ 제2차 침략(현종): 강조의 정변을 명분으로 고려 침략 → 현종의 나주 피란 → 양규의 거란군 방어

☑ 제3차 침략: 강감찬의 귀주대첩

☑ 이 외 관련 사실: 나성 및 천리장성 축조, 초조대장경 간행

why? 해품사 예측 근거

고려의 외세 방어 유형은 고려 시대의 대표적인 외교 관련 빈출 유형으로, 외세별 대응 사례와 관련된 사실형 유형이 출제되거나, 전반적인 외세 방어와 관련된 흐름형 유형이 출제됩니다. 특히 직전 회차에 왜구에 대한 고려의 대응 유형이 출제되었으므로, 74회차의 경우 거란 또는 여진에 대한 고려의 대응 유형에 주목할 것을 권장합니다.

⟶ *통수 대비 키워드란?
저격 키워드 대신 기습적으로 출제될 수 있는 유력 키워드로, 출제 확률이 높을 경우 수록됩니다.

📁 여기서 무조건 나온다! 저격 키워드 기출 선지 싹 모음

선지
신기군, 신보군, 항마군으로 구성된 별무반을 창설하였다. (47, 48, 51, 52, 55, 56, 60, 63, 68, 70, 71, 73회)
윤관을 보내 동북 9성을 개척하였다. (47, 49, 53, 54, 56, 58, 61, 65, 66, 69, 72, 73회)

⛑ 통수 조심! 통수 대비 키워드 기출 선지 싹 모음

선지
고려는 광군을 조직하여 거란의 침입에 대비하였다. (48, 49, 50, 53, 58, 62, 63, 64, 65, 67, 69, 71, 72, 73회)
서희의 활약으로 강동 6주를 획득하였다. (52, 58, 59, 60, 61, 64, 65, 67, 70회)
강조가 정변을 일으켜 김치양을 제거하였다. (49, 51, 55, 59, 61, 62, 66, 69, 70, 72회)
양규가 무로대에서 적군을 물리쳤다. (66, 70회)
강감찬이 귀주에서 대승을 거두었다. (52, 64회)

#고려의 경제 상황

쉽게 나올 경우

☑ 화폐: 건원중보(성종), 해동통보(숙종), 활구(숙종)
☑ 무역항: 예성강 하류 항구 벽란도(개경 인근에 위치)
☑ 시장 감독 기구: 경시서

어렵게 나올 경우

☑ 기구: 주전도감
☑ 상점: 서적점, 다점 등의 관영 상점
☑ 토지 제도: 전시과(전지 및 시지 지급)

why? 해품사 예측 근거

고려의 경제 상황은 거의 매 회차 출제되는 대표적인 경제 파트의 빈출 유형입니다. 특히 이 유형은 반복되는 정답 키워드만 암기하면 매우 쉽게 풀 수 있기 때문에 반드시 공략하여 점수를 확보해야 합니다.

📁 **여기서 무조건 나온다!** 저격 키워드 기출 선지 **싹 모음**

선지
고려 시대에는 경시서의 관리들이 시전의 상행위를 감독하였다. (49, 53, 57, 59, 60, 61, 64, 66, 70회)
고려 시대에는 관리에게 전지와 시지를 지급하였다. (53, 63회)
고려 시대에는 예성강 하구의 벽란도가 국제 무역항으로 번성하였다. (49, 50, 51, 53, 56, 58, 62, 63, 64, 66, 70, 71, 73회)
고려 시대에는 서적점, 다점 등의 관영 상점을 운영하였다. (63, 66, 69, 72회)
고려 시대에는 주전도감을 설치하여 해동통보를 발행하였다. (50, 53, 54, 59, 60, 61, 62, 64, 65, 66, 67, 69, 72, 73회)
고려 시대에는 철전인 건원중보를 주조하였다. (48, 53, 56, 59, 62, 63, 72회)
고려 시대에는 활구라고 불리는 은병이 유통되었다. (47, 49, 51, 53, 55, 58, 59, 61, 63, 65, 66, 72회)

저격 키워드
#삼국사기

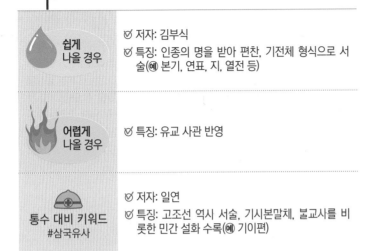

쉽게 나올 경우	☑ 저자: 김부식
	☑ 특징: 인종의 명을 받아 편찬, 기전체 형식으로 서술(예 본기, 연표, 지, 열전 등)
어렵게 나올 경우	☑ 특징: 유교 사관 반영
통수 대비 키워드 #삼국유사	☑ 저자: 일연
	☑ 특징: 고조선 역사 서술, 기시본말체, 불교사를 비롯한 민간 설화 수록(예 기이편)

why? 해품사 예측 근거

최근 회차에서 기록 유산과 관련된 유형이 상당히 많이 출제되었습니다. 특히 직전 회차에서는 조선 시대의 기록 유산을 묻는 유형이 출제되었고, 동시에 문화 파트 유형의 출제 비중이 높아졌기 때문에 74회차에서는 최근 회차에서 비교적 출제 빈도가 낮았던 고려 시대의 기록 유산 사례에 주목할 필요가 있습니다.

→ *통수 대비 키워드란?
저격 키워드 대신 기습적으로 출제될 수 있는 유력 키워드로, 출제 확률이 높을 경우 수록됩니다.

📁 여기서 무조건 나온다! 저격 키워드 기출 선지 싹 모음

선지
『삼국사기』는 유교 사관에 입각하여 기전체 형식으로 구성되었다. (50, 51, 54, 55, 66, 73회)

🎖 통수 조심! 통수 대비 키워드 기출 선지 싹 모음

선지
『삼국유사』는 단군의 고조선 건국 이야기를 수록하였다. (47, 50, 51, 54, 58, 59, 66, 73회)
『삼국유사』는 불교사를 중심으로 고대의 민간 설화를 수록하였다. (48, 51, 55 66, 67, 73회)

#논산 관촉사 석조 미륵보살 입상

쉽게 나올 경우

☑ 특징: 광종의 명으로 건립, '은진 미륵'이라는 별명으로 불림

어렵게 나올 경우

☑ 특징: 국보 지정

통수 대비 키워드
#안동 이천동 마애여래 입상

☑ 특징: 자연 암벽에 조성된 대표적인 불상, '제비원 미륵'이라는 별명으로 불림

why?
해품사 예측 근거

최근 회차의 문화 파트에서 기록 유산과 탑이 중점적으로 출제되었기 때문에 74회차 한능검 문화 파트에서는 불상을 활용한 문제가 출제될 수 있습니다. 특히 고려 시대의 경우 논산 관촉사 석조 미륵보살 입상의 출제율이 매우 높기 때문에 시험 전에 반드시 복습하시기 바랍니다!

→ *통수 대비 키워드란?
저격 키워드 대신 기습적으로 출제될 수 있는 유력 키워드로, 출제 확률이 높을 경우 수록됩니다.

📁 **여기서 무조건 나온다! 저격 키워드 기출 선지 싹 모음**

논산 관촉사 석조 미륵보살 입상	통수 대비 안동 이천동 마애여래 입상

해품사 암기팁! 눈을 뜨고 있는 큰 불상 기억!	해품사 암기팁! 양쪽의 두꺼운 어깨 기억!

저격 키워드

#의천

쉽게 나올 경우

☑ 출신 및 시호: 문종의 아들, 대각국사
☑ 사찰: 국청사, 흥왕사
☑ 수행 방법 및 종파: 교관겸수, 천태종

어렵게 나올 경우

☑ 기록 유산: 교장도감 설치 → 『교장』 편찬, 『신편제종교장총록』 간행

통수 내비 키워드 #지눌

☑ 시호: 보조국사
☑ 사찰: 송광사(수선사)
☑ 수행 방법 및 종파: 돈오점수, 정혜쌍수(『권수정혜결사문』), 조계종

↘ *통수 대비 키워드란?
저격 키워드 대신 기습적으로 출제될 수 있는 유력 키워드로, 출제 확률이 높을 경우 수록됩니다.

why? 해품사 예측 근거

고대 또는 고려 시대의 승려 유형은 매년 한 번씩은 출제되기 때문에, 반드시 공략해야 하는 대표적인 인물 유형입니다. 특히 고려 시대의 경우 의천 또는 지눌이 출제될 가능성이 높으며 최근 회차에서는 지눌이 정답으로 제시되었기 때문에, 올해는 의천에 주목할 것을 권장합니다.

📁 **여기서 무조건 나온다!** 저격 키워드 기출 선지 싹 모음

선지
의천은 불교 경전에 대한 주석서를 모아 『교장』을 편찬하였다. (54, 61회)
의천은 이론과 수행을 함께 강조하는 교관겸수를 제시하였다. (48, 70회)
의천은 해동 천태종을 개창하여 불교 교단 통합에 힘썼다. (51, 56, 59, 62, 63, 65, 66, 68회)
의천은 교장도감을 설치하여 불교 경전 주석서를 편찬하였다. (53, 71회)

🎯 **통수 조심!** 통수 대비 키워드 기출 선지 싹 모음

선지
지눌은 권수정혜결사문을 작성하여 정혜쌍수를 강조하였다. (51, 53, 54, 57, 61, 66, 67, 70, 71회)
지눌은 불교 개혁을 주장하며 수선사 결사를 주장하였다. (48, 62, 65회)
지눌은 참선을 강조하고 돈오점수를 주장하였다. (53, 57, 61, 63회)

#조선 성종

why? 해품사 예측 근거

조선 전기 왕 업적 유형은 조선 시대의 대표적인 빈출 유형으로, 크게 태종(이방원)·세종·세조(수양 대군)·성종의 업적 유형을 출제합니다. 특히 조선 전기의 왕 업적 유형은 가급적 직전 회차에 출제되지 않은 왕에 주목하는 것이 좋습니다. 직전 회차에 세종·연산군과 관련된 왕 업적 유형이 출제되었으므로, 이번에는 다른 왕이 출제될 가능성을 고려해야 합니다!

쉽게 나올 경우	☑ 기록 유산: 『경국대전』(법전), 『국조오례의』(예법서), 『동국여지승람』(지리서), 『동국통감』(역사서, 고조선~고려 말 역사 서술), 『동문선』(시문집), 『악학궤범』(음악서)

어렵게 나올 경우	☑ 정책: 관수관급제 실시, 홍문관 설치(경연 담당, 집현전 계승)

통수 대비 키워드 #태종	☑ 정책: 두 차례 왕자의 난을 거쳐 즉위, 문하부 낭사를 사간원으로 독립시킴, 사병 혁파, 신문고 설치, 호패법 실시, 6조 직계제 최초 시행(6조 의결 사항을 직접 왕에게 보고), 전국 8도 정비 ☑ 문화유산: 주자소 설치(활자 주조 기구) → 계미자 주조, 「혼일강리역대국도지도」 제작(세계 지도) ☑ 관련 인물: 하륜

→ *통수 대비 키워드란?
저격 키워드 대신 기습적으로 출제될 수 있는 유력 키워드로, 출제 확률이 높을 경우 수록됩니다.

📁 여기서 무조건 나온다! 저격 키워드 기출 선지 싹 모음

선지
조선 성종 때 국가의 기본 법전인 『경국대전』이 완성되었다. (47, 50, 51, 52, 53, 54, 55, 59, 60, 62, 66, 68, 70, 71, 72회)
조선 성종 때 국가의 의례를 정비한 『국조오례의』가 완성되었다. (55, 58, 63, 64, 70회)
조선 성종 때 음악 이론 등을 집대성한 『악학궤범』이 완성되었다. (49, 55, 57, 59, 66, 69, 73회)
조선 성종 때 전국의 지리, 풍속 등이 수록된 『동국여지승람』이 편찬되었다. (61, 68회)

🧢 통수 조심! 통수 대비 키워드 기출 선지 싹 모음

선지
조선 태종 때 문하부를 폐지하고 낭사를 사간원으로 독립시켰다. (52, 65, 70회)
조선 태종 때 왕권 강화를 위해 6조 직계제를 시행하였다. (56, 57, 59, 69, 70회)
조선 태종 때 주자소를 설치하여 계미자를 주조하였다. (51, 53, 54, 59, 61, 63, 65, 68, 72회)
조선 태종 때 세계 지도인 「혼일강리역대국도지도」가 제작되었다. (49, 62, 63, 68, 69회)

저격 키워드

#기묘사화

why? 해품사 예측 근거

조선 시대 사화 유형은 최근 기출에서 다섯 번이나 연계하여 출제할 정도로 출제 비중이 상당히 높아졌습니다. 또한 최근 기출 경향을 고려할 때 연산군 및 명종 때 발생한 사화 관련 키워드가 이미 출제되었으므로, 74회차에 사화 유형이 출제될 경우 중종 때 발생한 사화가 출제될 확률이 높습니다.

쉽게 나올 경우

- ☑ 배경: 조광조의 현량과 실시 및 위훈 삭제(정국공신 개정) 주장 → 훈구파의 입지 약화 우려로 사림 세력 견제
- ☑ 전개 및 결과: 조광조를 비롯한 신진 사림 세력 처형

어렵게 나올 경우

조광조의 업적 추가 암기

- ☑ 조광조의 업적: 대사헌 역임, 소격서 폐지 건의, 소학 및 향약 보급 주장
- ☑ 조선 시대 사화의 흐름: 무오사화(연산군) → 갑자사화(연산군) → 기묘사화(중종) → 을사사화(명종)

 여기서 무조건 나온다! 저격 키워드 기출 선지 **싹 모음**

선지
조광조는 반정 공신의 위훈 삭제를 주장하였다. (49, 57, 59, 60, 62, 64, 67, 68, 71, 73회)
조광조는 인재 등용을 위해 현량과의 실시를 건의하였다. (47, 54, 55, 60, 69회)
조광조의 건의로 도교 관련 제사를 주관하던 관서인 소격서가 폐지되었다. (51, 58, 67회)

why? 해품사 예측 근거

임진왜란과 병자호란은 조선 시대의 대표적인 빈출 전투 사례입니다. 두 전투의 경우 사실형 유형과 흐름형 유형으로 출제될 수 있으며, 74회차에는 최근 기출에서 출제되지 않았던 임진왜란의 전투 사례 흐름형 유형이 출제될 확률이 높습니다.

쉽게 나올 경우	☑ 관료 및 장수: 송상현(부산 동래성 전투), 신립(충주 탄금대 전투), 이일(상주 전투), 정발(부산진 전투) ☑ 의병장: 고경명·조헌(금산 전투), 곽재우(경상남도 의령, 홍의 장군), 유정(사명 대사), 정문부(북관 대첩), 조헌(금산 전투)
어렵게 나올 경우	임진왜란 전투 흐름 주목! 연속된 패배 → 해전의 승리 → 육지전의 연속된 승리 → 정유재란 ☑ 연속된 패배: 부산진 전투(정발) → 부산 동래성 전투(송상현) → 충주 탄금대 전투(신립) → 선조의 의주 피란 ☑ 해전의 승리: 옥포 해전(이순신) → 한산도 대첩(이순신) ☑ 육지전의 연속된 승리: 진주 대첩(김시민) → 평양성 전투(조·명 연합군) → 행주 대첩(권율) ☑ 정유재란: 명량 대첩(이순신) → 노량 해전(이순신)
통수 대비 키워드 #병자호란	☑ 관련 장소: 남한산성 ☑ 대표 인물: 김상용(임금의 신주를 들고 피난, 강화도에서 순절), 김준룡(광교산 전투), 임경업(백마산성 항전), 홍명구(금화 전투)

*통수 대비 키워드란?
저격 키워드 대신 기습적으로 출제될 수 있는 유력 키워드로, 출제 확률이 높을 경우 수록됩니다.

📁 여기서 무조건 나온다! 저격 키워드 기출 선지 싹 모음

선지
임진왜란 때 권율이 행주산성에서 적군을 격퇴하였다. (53, 54, 55, 58, 67, 73회)
임진왜란 때 김시민이 진주성에서 적군을 크게 물리쳤다. (47, 55, 61, 66회)
임진왜란 때 송상현이 동래성에서 항전하였다. (55, 64, 67회)
임진왜란 때 신립이 탄금대에서 배수의 진을 치고 전투를 벌였다. (51, 62, 67, 70, 72, 73회)
임진왜란 때 조·명 연합군이 평양성을 탈환하였다. (54, 55, 65회)

⛑ 통수 조심! 통수 대비 키워드 기출 선지 싹 모음

선지
병자호란 때 김상용이 강화도에서 순절하였다. (47, 60, 64, 66회)
병자호란 때 김준룡이 광교산 전투에서 승리하였다. (48, 57, 65, 72, 73회)
병자호란 때 왕이 도성을 떠나 남한산성으로 피란하였다. (70, 73회)
병자호란 때 임경업이 백마산성에서 적의 침입에 대비하였다. (54, 60, 61회)

저격 키워드

#경복궁

쉽게
나올 경우

- ☑ 부속 건물: 근정전, 향원정
- ☑ 역사적 사실: 태조 때 한양으로 천도하며 창건, 흥선 대원군 집권기에 중건됨, 일제 강점기에 궁궐 앞에 조선 총독부 건립 → 김영삼 정부 때 철거(역사 바로 세우기 운동)

어렵게
나올 경우

- ☑ 부속 건물: 강녕전, 경회루
- ☑ 역사적 사실: 명성 황후 시해 사건 발발 장소(건청궁), 정도전이 궁궐과 주요 전각의 명칭 정함, 조선 물산 공진회 개최 장소

통수 대비 키워드
#창덕궁

- ☑ 부속 건물: 규장각, 돈화문, 부용정
- ☑ 역사적 사실: 태종이 한양으로 수도를 다시 옮기며 건립한 궁궐, 6·10 만세 운동 당시 순종의 장례 행렬이 출발한 장소(돈화문), 유네스코 세계 문화유산 등재

why?
해품사 예측 근거

한능검 개편 이후 조선 시대 궁궐 유형은 1년에 최소 한 번씩은 출제될 정도로 출제 빈도가 높아졌습니다. 특히 궁궐 유형은 상당히 어려운 난도의 문화 파트 유형입니다. 각 궁궐의 부속 건물 또는 관련 역사적 사실을 모두 알아야 풀 수 있기 때문에 꼼꼼히 암기해야 합니다.

*통수 대비 키워드란?
저격 키워드 대신 기습적으로 출제될 수 있는 유력 키워드로, 출제 확률이 높을 경우 수록됩니다.

📁 여기서 무조건 나온다! 저격 키워드 기출 선지 싹 모음

선지
경복궁은 태조 때 한양으로 천도하며 창건되었다. (48회)
경복궁은 명성 황후가 일본 낭인들에 의해 시해된 장소이다. (48, 49회)
경복궁은 정도전이 궁궐과 주요 전각의 명칭을 정하였다. (64, 70회)
경복궁은 조선 물산 공진회 개최 장소로 이용되었다. (50, 53, 66회)

🛡 통수 조심! 통수 대비 키워드 기출 선지 싹 모음

선지
창덕궁은 태종이 도읍을 한양으로 다시 옮기며 건립하였다. (64, 66, 70회)
창덕궁은 왕실 도서관인 규장각이 설치된 곳이다. (53, 60회)

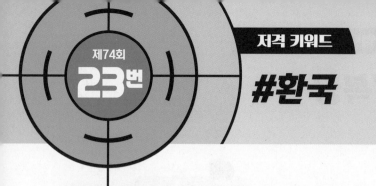

**쉽게
나올 경우**

☑ 경신환국: 허적의 유악(군사용 천막) 사건을 계기로
허적, 윤휴 등 남인 인사 대거 숙청
☑ 기사환국: 장희빈의 소생인 경종의 원자 책봉(세자
책봉) 문제를 놓고 송시열 등 서인 세력이 반대함
☑ 갑술환국: 남인 세력의 인현 왕후 복위 반대, 송시
열 관작 복위

**어렵게
나올 경우**

☑ 경신환국: 서인 집권 이후 남인 처벌 문제 및 정치
적 입장 대립 → 노론(대의명분)과 소론(실리)으로
분화
☑ 기사환국: 송시열 및 서인 세력 몰락과 남인 집권,
인현 왕후 폐위
☑ 갑술환국: 남인 세력 몰락 및 서인 재집권

why? 해품사 예측 근거

조선 시대의 환국은 조선 시대 붕당의
흐름과 관련된 대표적인 사건으로, 1년
에 한 번 정도씩은 출제됩니다. 직전 회
차에서 흐름형 유형의 출제 비중이 낮
았다는 사실을 고려할 때 환국 유형은
74회차에 출제 확률이 높은 대표 유형
입니다.

📁 **여기서 무조건 나온다!** 저격 키워드 기출 선지 **싹 모음**

선지
경신환국의 결과 허적과 윤휴 등 남인이 대거 축출되었다. (51, 54, 64회)
희빈 장씨 소생의 원자 책봉 문제로 기사환국이 발생하였다. (49, 52, 59, 60, 66회)
기사환국의 결과 송시열이 유배된 이후 사사되었다. (57, 63, 69회)
기사환국의 결과 인현 왕후가 폐위되고 남인이 권력을 차지하였다. (53, 63, 65, 70회)

저격 키워드

#조선 후기의 사회상

쉽게 나올 경우

☑ 경제: 구황 작물 전래(예 감자, 고구마), 상품 작물 재배(예 고추, 담배 등), 공인의 활동, 장시 활성화 다양한 상인 등장(예 내상, 만상, 송상 등), 설점수세제 시행 → 덕대의 광산 운영, 초량 왜관 설치

☑ 문화: 민화 유행, 중인들의 시사(詩社) 조직, 탈춤 및 판소리 유행, 한글 소설 유행(예 「춘향전」, 「홍길동전」), 전기수(직업 이야기꾼)의 활동

어렵게 나올 경우

☑ 경제: 일본 및 청나라와 개시 무역(공무역) 및 후시 무역(밀무역) 성행, 상평통보 발행

☑ 문화: 사설시조 유행, 진경산수화 및 청화 백지 유행

why? 해품사 예측 근거

조선 후기의 사회상 유형은 출제 빈도가 매우 높은 유형입니다. 이 유형은 반복되는 키워드가 고정되어 있으나 그 키워드의 종류가 다양하다는 특징이 있습니다. 다양한 키워드가 응용되는 유형이므로 암기해야 할 키워드가 상당히 많으니 꼼꼼히 공부해야 합니다.

📁 **여기서 무조건 나온다!** 저격 키워드 기출 선지 싹 모음

선지
조선 후기에는 감자, 고구마 등의 구황 작물이 재배되었다. (49, 55, 56, 60, 64, 66, 69, 70, 71회)
조선 후기에는 광산을 전문적으로 경영하는 덕대가 나타났다. (47, 48, 49, 50, 51, 53, 54, 56, 57, 59, 60, 62, 65, 66, 68, 69, 70, 72회)
조선 후기에는 담배, 면화 등의 상품 작물을 널리 재배하였다. (47, 49, 50, 51, 52, 53, 54, 56, 57, 59, 61, 63, 64, 65, 67, 70, 71, 72회)
조선 후기에는 상평통보가 발행되어 법화로 사용되었다. (47, 63, 64, 66, 67, 70, 73회)
조선 후기에는 초량 왜관을 통해 일본과 교역하였다. (49, 51, 54, 60, 61, 65, 66회)
조선 후기에는 장시에서 탈춤 및 판소리 등의 공연이 이루어졌다. (50, 53, 57, 62, 64, 65, 67, 73회)
조선 후기에는 중인이 시사(詩社)를 조직하여 활동하였다. (47, 49, 53, 54, 57, 60, 65, 67, 73회)
조선 후기에는 「춘향전」, 「홍길동전」 등의 한글 소설이 유행하였다. (50, 57, 62, 64, 71, 73회)

저격 키워드

#정약용

쉽게 나올 경우

✓ 주장: 여전론(토지의 공동 경작 및 분배) → 정전론 (토지를 井 자 모양으로 나누어 가운데 구역을 공동 경작)
✓ 저서: 『경세유표』, 『목민심서』, 『흠흠신서』
✓ 과학 기구: 거중기, 배다리

어렵게 나올 경우

✓ 저서: 『마과회통』, 『아방강역고』

통수 대비 키워드
#박제가

✓ 주장: 소비와 생산의 관계를 우물에 비유하여 소비를 권장함
✓ 활동: 서얼 출신, 정조 때 규장각 검서관으로 기용됨
✓ 저서: 『북학의』

why? 해품사 예측 근거

조선 후기의 실학파 유형은 최근 자주 출제되는 대표적인 조선 시대 문화 파트입니다. 특히 역대 기출에서 정약용의 출제 빈도가 가장 높았기 때문에 정약용 키워드는 최우선으로 공략할 필요가 있습니다.

> ***통수 대비 키워드란?**
> 저격 키워드 대신 기습적으로 출제될 수 있는 유력 키워드로, 출제 확률이 높을 경우 수록됩니다.

📁 여기서 무조건 나온다! 저격 키워드 기출 선지 싹 모음

선지
정약용이 제작한 거중기를 활용하여 수원 화성을 축조하였다. (48, 50, 52, 53, 54, 62, 63, 64, 68, 69, 70회)
정약용은 『경세유표』를 집필하여 국가 제도의 개혁 방안을 제시하였다. (58, 60, 68회)
정약용은 『마과회통』에서 홍역에 대한 지식을 정리하였다. (49, 65회)
정약용은 『목민심서』에서 지방 행정의 개혁안을 제시하였다. (56회)

🪖 통수 조심! 통수 대비 키워드 기출 선지 싹 모음

선지
박제가는 『북학의』를 저술하여 수레와 배의 이용을 권장하였다. (47, 49, 54, 55, 56, 57, 58, 66, 68회)
박제가는 서얼 출신으로 규장각 검서관에 기용되었다. (69회)

저격 키워드

#정조

 해품사 예측 근거

조선 후기 왕의 업적은 조선 전기 왕의 업적과 함께 조선 시대의 대표적인 빈출 주제입니다. 이 유형은 대체로 영조와 정조를 중심으로 출제되기 때문에, 각 왕의 대표 업적 또는 관련 사건을 암기하는 것이 중요합니다.

쉽게 나올 경우

- ☑ 가족: 사도 세자(아버지), 혜경궁 홍씨(어머니)
- ☑ 정책: 신해통공(육의전을 제외한 시전상인의 금난전권 철폐), 장용영, 초계문신제
- ☑ 기록 유산: 『대전통편』(법전) 『무예도보통지』(무예 훈련 교범)
- ☑ 문화유산: 수원 화성

어렵게 나올 경우

- ☑ 기록 유산: 『고금도서집성』 수입(중국의 백과사전), 『동문휘고』(외교 문서집)
- ☑ 문화유산: 규장각(학술 연구 기관, 박제가 · 유득공 등 서얼 출신 인사 검서관 기용), 배다리

통수 대비 키워드
#영조

- ☑ 정책: 균역법(1년에 군포 1필), 신문고 부활, 청계천 준설(준천사 담당), 탕평책 실시 및 탕평비 건립
- ☑ 기록 유산: 『동국문헌비고』(문물 백과사전), 『속대전』(법전)
- ☑ 사건: 이인좌의 난

> *통수 대비 키워드란?
> 저격 키워드 대신 기습적으로 출제될 수 있는 유력 키워드로, 출제 확률이 높을 경우 수록됩니다.

📁 여기서 무조건 나온다! 저격 키워드 기출 선지 싹 모음

선지
정조 때 국왕의 친위 부대인 장용영이 창설되었다. (47, 48, 51, 52, 53, 54, 55, 57, 58, 59, 63, 68, 70, 71, 73회)
정조 때 서얼 출신의 학자들이 검서관으로 기용되었다. (48, 49, 58, 59, 62, 63, 65, 66, 72회)
정조 때 시전 상인의 특권을 축소하는 신해통공을 단행하였다. (48, 50, 53, 55, 56, 57, 58, 60, 61, 62, 65, 66, 69, 70, 71, 73회)
정조 때 초계문신제를 시행하여 문신을 재교육하였다. (50, 51, 52, 54, 55, 56, 57, 58, 63, 64, 66, 67, 68, 69, 70, 71, 72회)
정조 때 통치 체제를 정비하기 위해 『대전통편』을 간행하였다. (48, 55, 62, 71회)

🎯 통수 조심! 통수 대비 키워드 기출 선지 싹 모음

선지
영조 때 군역의 부담을 줄여주기 위해 **균역법**을 시행하였다. (50, 51, 53, 56, 61, 68회)
영조 때 붕당의 폐해를 경계하기 위한 **탕평비**가 건립되었다. (47, 49, 52, 53, 54, 55, 56, 57, 62, 65, 67, 69, 70, 72회)
영조 때 『**속대전**』을 편찬하여 통치 체제를 정비하였다. (47, 54, 58, 61, 63, 65, 66, 70, 72회)
영조 때 역대 문물 제도를 정리한 『**동국문헌비고**』를 편찬하였다. (49, 50, 52, 54, 59, 64, 66, 69, 73회)

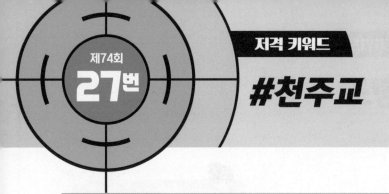

해품사 예측 근거

최근 조선 시대의 종교와 관련된 유형이 출제되지 않았기 때문에, 오랜만에 이 유형이 다시 출제될 가능성이 있습니다. 특히 이 유형이 어렵게 출제될 경우, 천주교와 관련된 박해 사건의 흐름형 유형이 출제될 가능성도 고려해야 합니다.

쉽게 나올 경우

☑ 관련 사실: 서학(西學)으로 국내에 처음 소개됨 → 사학(邪學)으로 탄압받음, 일제 강점기 의민단 조직

어렵게 나올 경우

☑ 신해박해(정조): 권상연, 윤지충 등이 조상 제사를 거부하고 신주를 불태움 → 처형당함
☑ 신유박해(순조): 이승훈, 정약용, 정약전 등 유배 또는 처벌 → 황사영 백서 사건 발발
☑ 병인박해(흥선 대원군 집권기): 흥선 대원군이 프랑스 선교사를 통해 러시아 견제를 시도하였으나 실패함 → 남종삼 및 프랑스 선교사(예 베르뇌 주교) 처형 → 병인양요의 발발

통수 대비 키워드 #동학

☑ 대표 인물: 최제우(초대 교주), 최시형(제2대 교주)
☑ 사상: 보국안민 및 인내천 강조, 유·불·선 바탕 및 민간 신앙 요소 포함
☑ 특징: 『동경대전』(경전) 및 『용담유사』(포교 가사집) 활용, 한울님을 모시는 시천주 사상 강조, 포접제(동학 교도 관리 및 조직 체계)

*통수 대비 키워드란?
저격 키워드 대신 기습적으로 출제될 수 있는 유력 키워드로, 출제 확률이 높을 경우 수록됩니다.

📁 여기서 무조건 나온다! 저격 키워드 기출 선지 싹 모음

선지
천주교는 제사와 신주를 모시는 문제로 정부의 탄압을 받았다. (57회)
정조 때 윤지충 등이 처형된 신해박해가 일어났다. (71회)
순조 때 이승훈, 정약용 등이 처벌받은 신유박해가 발생하였다. (53, 61, 64, 66회)
신유박해 직후 황사영이 외국 군대의 출병을 요구하는 백서를 작성하였다. (48, 53, 63, 64, 65, 66, 69, 70, 71, 72회)

⛑ 통수 조심! 통수 대비 키워드 기출 선지 싹 모음

선지
동학은 『동경대전』과 『용담유사』를 경전으로 삼았다. (58, 66회)
동학은 마음 속에 한울님을 모시는 시천주를 강조하였다. (48회)
동학은 포접제를 통해 교세를 확장하였다. (57회)

저격 키워드

#이황

 쉽게 나올 경우

☑ 백운동 서원 사액 건의 → 소수 서원 사액
☑ 『성학십도』, 『주자서절요』 저술
☑ 예안 향약 시행
☑ 일본 성리학에 영향을 미침

 어렵게 나올 경우

☑ 기대승과 사단칠정 논쟁 전개
☑ 도산 서원에 배향됨

 통수 대비 키워드 #이이

☑ 강릉 오죽헌 출신
☑ 『격몽요결』, 『동호문답』, 『성학집요』 저술
☑ 해주 향약 시행
☑ 자운 서원에 배향됨

 **why?** 해품사 예측 근거

조선 시대의 성리학자는 조선 시대 인물 유형에서 출제 빈도가 높은 편입니다. 특히 최근 기출에서 조선 전기와 후기 인물이 연속으로 출제되었기 때문에, 74회차에서는 조선 중기의 인물에 주목할 필요가 있습니다.

→ *통수 대비 키워드란?
저격 키워드 대신 기습적으로 출제될 수 있는 유력 키워드로, 출제 확률이 높을 경우 수록됩니다.

📁 여기서 무조건 나온다! 저격 키워드 기출 선지 싹 모음

선지
이황은 『성학십도』를 지어 군주의 도를 도식으로 설명하였다. (48, 51, 54, 68회)
이황은 예안 향약을 시행하여 향촌 교화를 위해 노력하였다. (52, 56, 62회)
이황은 기대승과 사단칠정 논쟁을 전개하였다. (60, 71회)

🎩 통수 조심! 통수 대비 키워드 기출 선지 싹 모음

선지
이이는 군주가 수양해야 할 덕목과 지식을 담은 『성학집요』를 집필하였다. (58, 63, 69회)
이이는 『동호문답』에서 수취 제도의 개혁 등을 주장하였다. (51, 57회)
이이는 해주 향약을 시행하여 향촌 교화를 위해 노력하였다. (60회)

저격 키워드
#병인양요

쉽게 나올 경우	☑ 배경: 병인박해(한국인 천주교 신자 및 프랑스 선교사 처형) ☑ 전개: 양헌수 부대의 정족산성 항전 ☑ 영향: 프랑스군이 외규장각 내 도서 및 의궤 등 문화유산 약탈
어렵게 나올 경우	☑ 전개: 로즈 제독이 이끄는 프랑스군의 강화도 침략 → 한성근 부대의 문수산성 항전
통수 대비 키워드 #신미양요	☑ 배경: 제너럴셔먼호 사건(평양에서 박규수 지휘로 미국 상선 제너럴셔먼호 격침) ☑ 전개: 로저스 제독이 이끄는 미군의 강화도 침략 → 미군의 초지진 지역 점거 → 광성보 지역에서의 항전(어재연 부대) → 미군의 광성보 점거 및 어재연 장군의 수자기(장수의 깃발) 약탈 ☑ 영향: 종로를 비롯한 전국 각지에 척화비 건립

why? 해품사 예측 근거

개항기 전기의 외세 침입 유형은 개항기 시대의 대표 빈출 주제로, 병인양요 또는 신미양요와 관련된 역사적 사실 유형으로 출제되거나 개항기 전기의 외세 침입 사건의 흐름 유형으로 출제될 수 있습니다. 특히 최근 기출에서 제너럴셔먼호 사건과 신미양요와 관련된 사례를 자주 출제하였기 때문에, 74회차에서는 병인양요에 주목할 필요가 있습니다.

→ *통수 대비 키워드란?
저격 키워드 대신 기습적으로 출제될 수 있는 유력 키워드로, 출제 확률이 높을 경우 수록됩니다.

📁 여기서 무조건 나온다! 저격 키워드 기출 선지 싹 모음

선지
병인박해는 로즈 제독의 함대가 강화도를 침입하는 빌미가 되었다. (52, 53회)
병인박해의 결과 천주교 선교사와 신자들이 처형되었다. (47, 52, 56회)
병인양요 때 양헌수 부대가 정족산성에서 적군을 물리쳤다. (50, 51, 55, 60회)
병인양요 때 의궤를 비롯한 외규장각의 도서가 약탈당하였다. (51, 52, 57, 62, 64, 67, 69, 71회)

🎩 통수 조심! 통수 대비 키워드 기출 선지 싹 모음

선지
제너럴셔먼호 사건 때 박규수를 비롯한 평양 관민이 제너럴셔먼호를 불태웠다. (48, 50, 51, 52, 53, 55, 57, 59, 60, 61, 63, 65, 71회)
신미양요 때 로저스 제독이 이끄는 미군이 강화도에 침입하였다. (66회)
신미양요 때 어재연 부대가 광성보에서 항전하였다. (48, 51, 53, 67, 72회)

저격 키워드

#임오군란

 쉽게 나올 경우

- ☑ 배경: 구식 군인에 대한 차별 대우 반발
- ☑ 결과
  - 제물포 조약 체결: 조선-일본 간 체결, 일본에 배상금 지불 및 일본 공사관 내 경비병(일본군) 주둔 허용
  - 조청 상민 수륙 무역 장정 체결: 조선-청 간 체결, 치외 법권 인정, 한성 및 양화진에서의 내지 통상권 허용 → 청 상인의 국내 진출 본격화

 어렵게 나올 경우

- ☑ 전개: 구식 군인들의 선혜청 당상의 집과 일본 공사관 습격 → 명성 황후 장호원 피신 → 흥선 대원군의 임시 재집권(별기군 및 2영 폐지, 5군영 복구) → 청군의 개입 → 흥선 대원군 톈진 납치 → 고문으로 마젠창·묄렌도르프 파견

 통수 대비 키워드
#갑신정변

- ☑ 배경: 급진 개화파(개화당)의 입지 약화 → 일본의 정변 지원 약속
- ☑ 전개: 김옥균, 박영효 등 개화당의 주도하에 우정총국 개국 축하연을 계기로 정변 발생 → 개화당 정부 임시 수립 및 개혁 정강 14조 발표 → 청군의 개입 및 일본군과 청군 대립 → 청군의 승리로 인해 3일 만에 정변 실패 → 개화당 세력이 일본으로 망명(삼일천하)
- ☑ 결과
  - 한성 조약 체결: 조선-일본 간 체결, 배상금 지불 및 일본 공사관 신축 비용 부담
  - 톈진 조약 체결: 청-일본 간 체결, 양국 군대의 동시 철수, 조선에 군대 파병 시 사전 통보 규정

why? 해품사 예측 근거

임오군란과 갑신정변은 개항기 시대의 대표적인 빈출 주제로, 두 사건의 원인·전개·영향과 관련된 키워드 구별이 필수적입니다. 특히 직전 회차에서 갑신정변이 출제되었기 때문에, 74회차에서는 임오군란에 더욱 주목하는 것을 권장합니다.

*통수 대비 키워드란?
저격 키워드 대신 기습적으로 출제될 수 있는 유력 키워드로, 출제 확률이 높을 경우 수록됩니다.

📁 **여기서 무조건 나온다!** 저격 키워드 기출 선지 **싹 모음**

선지
임오군란은 구식 군인에 대한 차별 대우가 발단이 되어 일어났다. (48, 61, 63, 70, 73회)
임오군란의 결과 마젠창과 묄렌도르프가 고문으로 파견되었다. (55, 69, 70회)
임오군란의 결과 일본 경비병의 공사관 주둔을 허용하였다. (51, 53, 55, 59, 60, 65, 67, 69회)

🎓 **통수 조심!** 통수 대비 키워드 기출 선지 **싹 모음**

선지
갑신정변은 우정총국 개국 축하연을 이용하여 일어났다. (48, 53, 55, 56, 61, 65회)
갑신정변의 결과 청과 일본 사이에 톈진 조약이 체결되었다. (50, 60, 71회)
갑신정변의 결과 조선과 일본 사이에 한성 조약이 체결되었다. (49, 50, 52, 63, 66, 70회)

저격 키워드

#조미 수호 통상 조약

 **why?** 해품사 예측 근거

쉽게 나올 경우	☑ 대표 조항: 거중 조정(제3국과의 분쟁 시 미국이 개입), 관세 규정, 치외 법권 규정, 최혜국 대우 규정
어렵게 나올 경우	☑ 배경: 제2차 수신사 김홍집이 들여온 황준헌의 『조선책략』 국내 유포 → 미국과의 수교 필요성 대두 → 청의 알선으로 조약 체결
통수 대비 키워드 #조일 통상 장정	☑ 배경: 조선의 관세 자주권 회복 요구 → 조미 수호 통상 조약 체결 이후 본격화 ☑ 대표 조항: 일본 상품에 대한 관세 규정, 방곡령 규정(국내 곡물 부족 시 1개월 전 일본 영사관에 사전 통보 후 양곡 수출 금지 가능 → 함경도 관찰사 조병식이 방곡령 선포), 최혜국 대우 규정

최근 기출에서 개항기에 체결된 조약들을 바탕으로 고난도 유형을 자주 출제하였기 때문에, 대표적인 조약의 원문과 흐름을 파악하는 것은 필수적입니다. 특히 최근 기출을 보면 일본과 체결한 조약 사례들 위주로 출제되었기 때문에, 74회차에서는 다른 국가와 체결한 조약에 주목할 필요가 있습니다.

↳ ***통수 대비 키워드란?**
저격 키워드 대신 기습적으로 출제될 수 있는 유력 키워드로, 출제 확률이 높을 경우 수록됩니다.

📁 여기서 무조건 나온다! 저격 키워드 기출 선지 싹 모음

선지
조미 수호 통상 조약은 거중 조정에 대한 내용을 포함하였다. (48, 50, 57회)
조미 수호 통상 조약은 조선의 관세 자주권을 최초로 인정하였다. (67회)
조미 수호 통상 조약은 최혜국 대우를 최초로 규정하였다. (51, 59, 67, 70, 73회)

🛡️ 통수 조심! 통수 대비 키워드 기출 선지 싹 모음

선지
조일 통상 장정은 방곡령 시행에 대한 규정을 명시하였다. (47, 48, 49, 51, 53, 54, 55, 60, 71회)

저격 키워드

#제1차 갑오개혁

쉽게 나올 경우

☑ 담당 기구: 군국기무처(김홍집 내각 주도)
☑ 개혁 사례: 과거제 폐지, 과부 재가 허용, 조혼 금지, 공사 노비법 혁파 → 신분제 폐지

어렵게 나올 경우

☑ 개혁 사례: 개국 기년 연호 사용, 연좌제 폐지, 은 본위제 시행, 6조 → 8아문 개편

통수 대비 키워드
#제2차 갑오개혁

☑ 담당 기구: 김홍집·박영효 연립 내각(군국기무처 폐지)
☑ 개혁 사례: 홍범 14조 반포(⑩ 왕실 사무 및 국정 사무 분리, 조세 징수 탁지아문 관할), 교육 입국 조서 반포 → 한성 사범 학교 설립, 재판소 설치, 8아문 → 7부 개편, 8도 → 23부 개편

why? 해품사 예측 근거

개항기의 개혁은 개항기의 대표 빈출 주제로, 심화편 개편 이후 독립 협회를 포함하여 한 회차 내에 최대 3문제까지 출제된 사례가 있기 때문에 반드시 주목할 필요가 있는 유형입니다. 특히 최근 회차에서 갑오개혁과 관련된 유형의 출제 빈도가 줄어들었기 때문에, 74회차에서는 갑오개혁에 주목할 필요가 있습니다.

⤷ *통수 대비 키워드란?
저격 키워드 대신 기습적으로 출제될 수 있는 유력 키워드로, 출제 확률이 높을 경우 수록됩니다.

📁 **여기서 무조건 나온다!** 저격 키워드 기출 선지 **싹 모음**

선지
제1차 갑오개혁 때 공사 노비법을 혁파하며 신분제가 폐지되었다. (47, 49, 52, 55, 56, 59, 61, 69, 72회)
제1차 갑오개혁 때 과거제가 폐지되었다. (47, 49, 52, 56, 72회)
제1차 갑오개혁 때 과부의 재가를 허용하고 조혼을 금지하였다. (64, 71회)
제1차 갑오개혁 때 군국기무처가 창설되었다. (47, 49, 51, 65, 66, 71회)
제1차 갑오개혁 때 은 본위제를 도입하였다. (60, 63회)

🪖 **통수 조심!** 통수 대비 키워드 기출 선지 **싹 모음**

선지
제2차 갑오개혁 때 개혁의 방향을 제시한 홍범 14조를 반포하였다. (49, 54, 55, 57, 63, 65, 67, 72, 73회)
제2차 갑오개혁 때 교육 입국 조서 반포를 계기로 한성 사범 학교가 설립되었다. (48, 53, 54, 55, 57, 59, 60, 64, 66, 67, 70, 71, 72회)
제2차 갑오개혁 때 근대적 사법 기구인 재판소를 설치하였다. (53, 63회)
제2차 갑오개혁 때 지방 행정 구역을 8도에서 23부로 개편하였다. (49, 52, 61, 67, 71회)

저격 키워드

#을미사변~아관 파천

쉽게 나올 경우

- ☑ 을미사변: 일본 자객들이 경복궁 건청궁에서 명성 황후 시해
- ☑ 을미개혁: 건양 연호 사용 및 태양력 채택, 진위대 및 친위대 설치, 단발령 실시 → 을미의병의 발발
- ☑ 아관 파천: 고종이 궁녀의 가마를 타고 러시아 공사관으로 피신 → 고종이 경운궁(덕수궁)으로 환궁하며 대한 제국 선포 및 황제 즉위

어렵게 나올 경우

을미사변~아관 파천 전후의 사건을 연계하여 흐름형 유형 출제 가능

- ☑ 청일 전쟁~대한 제국 건립의 흐름: 청일 전쟁 → 시모노세키 조약 체결 → 삼국 간섭(독일·프랑스·러시아) → 을미사변 → 을미개혁 → 아관 파천 → 대한 제국 건립

해품사 예측 근거

직전 회차에서 전반적으로 흐름형 유형을 까다롭게 출제하지 않았기 때문에, 74회차에서는 각 파트에서 출제될 수 있는 다양한 흐름형 유형에 주목해야 합니다. 특히 을미사변~아관 파천은 개항기의 대표적인 빈출 흐름형 유형이므로 관련 사건을 파악해 두는 것이 좋겠습니다.

📁 **여기서 무조건 나온다! 저격 키워드 기출 선지 싹 모음**

선지
을미사변의 결과 명성 황후가 시해되었다. (53, 66회)
을미사변 발생 이후 고종이 러시아 공사관으로 거처를 옮겼다. (50, 51, 59, 63회)
을미개혁 때 건양이라는 연호를 제정하고 태양력을 채택하였다. (47, 49, 50, 54, 55, 56, 58, 59, 61, 62, 63, 64, 66, 69회)
을미개혁 때 군제를 개편하여 친위대와 진위대를 설치하였다. (71회)

저격 키워드

#독립 협회

쉽게
나올 경우

☑ 대표 인물: 서재필 및 윤치호
☑ 활동: 관민 공동회 및 만민 공동회 개최, 독립문 건립, 러시아의 절영도 조차 요구 저지, 헌의 6조 반포 → 중추원 관제 개편 추진

why? 해품사 예측 근거

독립 협회는 대한 제국 때 활동한 대표적인 단체입니다. 한능검 급수 체계 개편 이후 독립 협회는 출제 빈도가 상당히 높아졌기 때문에 관련 활동을 반드시 암기할 필요가 있습니다. 특히 이 단체가 출제될 경우 애국 계몽 운동 단체의 활동 사례가 빈출 오답으로 제시됩니다.

어렵게
나올 경우

☑ 활동: 한·러 은행 폐쇄 주도
☑ 특징: 입헌 군주제 지향(공화정을 지향하였다고 모함 받음) → 고종이 황국 협회를 동원하여 탄압 → 독립 협회 사실상 해체

📁 여기서 무조건 나온다! 저격 키워드 기출 선지 싹 모음

선지
독립 협회는 관민 공동회를 개최하여 헌의 6조를 결의하였다. (50, 51, 53, 59, 63, 69, 70회)
독립 협회는 러시아의 절영도 조차 요구를 저지하였다. (48, 56, 62, 64, 71, 72회)
독립 협회는 만민 공동회를 열어 열강의 이권 침탈을 저지하였다. (47, 48, 57, 61, 66회)
독립 협회는 영은문이 있던 자리 부근에 독립문을 건립하였다. (50, 51, 53, 54, 61, 66회)
독립 협회는 중추원 개편을 통한 의회 설립을 추진하였다. (49, 61, 62, 65, 69, 71회)

🚨 헷갈리지 말자! 빈출 오답 키워드

*빈출 오답 키워드는 저격 키워드와 함께 자주 출제되는 키워드입니다.

#애국 계몽 운동 단체

선지
대한 자강회는 고종의 강제 퇴위 반대 운동을 전개하였다. (49, 53, 61, 63, 71회)
보안회는 일제의 황무지 개간권 요구를 저지시켰다. (49, 55, 56, 57, 58, 61, 62, 64, 67, 68, 69, 71, 73회)

저격 키워드

#구한말 일제의 침략

쉽게 나올 경우

✔ 구한말 일제의 침략 흐름: 러일 전쟁 → 포츠머스 조약(일본의 독점적 대한 제국 지배 인정) → 을사늑약 → 을사의병(민종식·신돌석·최익현 주도) 또는 헤이그 특사 파견(이준·이위종·이상설) → 고종의 강제 퇴위 및 정미 7조약 체결(대한 제국 군대 강제 해산) → 정미의병(이인영 주도로 13도 창의군 결성) → 기유각서(사법권 박탈)

어렵게 나올 경우

러일 전쟁 시기의 역사적 사실 연계
✔ 국내: 한일 의정서 체결, 제1차 한일 협약 체결, 일본의 독도 시마네현 불법 편입
✔ 국외: 가쓰라·태프트 밀약 체결(미국-일본), 제2차 영일 동맹 체결(영국-일본)

why? 해품사 예측 근거

구한말 일제의 침략 유형은 주로 흐름형 유형으로 출제되는, 개항기의 대표 고난도 유형입니다. 대표적인 사건들의 전개 과정을 꼼꼼히 암기해야 풀이할 수 있기 때문에 사건의 시간적 순서에 특히 주목할 필요가 있습니다.

📁 **여기서 무조건 나온다!** 저격 키워드 기출 선지 **싹 모음**

선지
러일 전쟁 때 군사 전략상 필요한 지역을 일본에게 제공하는 한일 의정서가 강요되었다. (64회)
러일 전쟁 때 체결된 제1차 한일 협약에서 메가타가 대한 제국의 재정 고문으로 초빙되었다. (48, 50, 51, 53, 57, 59, 60, 64, 70회)
을사늑약의 체결 결과 외교권이 박탈되고 통감부가 설치되었다. (48, 50, 51, 53, 57, 59, 60, 64, 70회)
을사늑약 체결 이후 헤이그에서 열린 만국 평화 회의에 특사가 파견되었다. (50, 51, 53, 54, 55, 66, 67, 70회)
최익현이 을사늑약 체결에 반대하여 태인에서 의병을 일으켰다. (52, 64, 70, 72회)
정미의병은 고종의 강제 퇴위 및 군대 해산에 반발하여 결성되었다. (57, 65회)
정미의병은 13도 창의군을 결성하여 서울 진공 작전을 전개하였다. (47, 48, 49, 51, 53, 54, 57, 63, 64, 67, 68, 69, 70, 72, 73회)
일제는 기유각서를 체결하여 사법권을 강탈하였다. (52, 58, 64, 67, 69회)

#신민회

**쉽게
나올 경우**

- ☑ 대표 인물: 안창호, 양기탁, 이승훈
- ☑ 대표 활동: 대성 학교 설립(안창호), 오산 학교 설립(이승훈), 신흥 강습소 설립(신흥 무관 학교 발전), 태극 서관 운영
- ☑ 특징: 데라우치 총독 암살 사건을 조작한 105인 사건 발생 → 신민회 해체

**어렵게
나올 경우**

- ☑ 대표 활동: 자기 회사 설립
- ☑ 특징: 공화정 지향

**통수 대비 키워드
#보안회**

- ☑ 대표 활동: 일제의 황무지 개간권 요구 저지

→ ***통수 대비 키워드란?**
저격 키워드 대신 기습적으로 출제될 수 있는 유력 키워드로, 출제 확률이 높을 경우 수록됩니다.

why? 해품사 예측 근거

신민회는 출제 빈도가 가장 높은 개항기의 대표적인 애국 계몽 운동 단체로, 1년에 한 번 정도씩은 출제되는 편입니다. 신민회는 다른 애국 계몽 운동 단체에 비해 활용할 수 있는 키워드가 비교적 많아 자주 출제되므로 주목할 필요가 있습니다.

📁 여기서 무조건 나온다! 저격 키워드 기출 선지 싹 모음

선지
신민회는 대성 학교와 오산 학교를 설립하여 민족 교육을 실시하였다. (47, 49, 51, 54, 57, 63, 64, 67, 71, 73회)
신민회는 안창호, 양기탁, 이승훈 등이 비밀 결사로 조직하였다. (62회)
신민회는 일제가 조작한 105인 사건으로 와해되었다. (47, 48, 50, 51, 53, 56, 58, 60, 63, 65, 66, 67, 68, 69, 73회)
신민회는 태극 서관을 운영하여 계몽 서적 등을 보급하였다. (51, 52, 56, 61, 63, 64, 65회)
신민회는 삼원보에 신흥 강습소를 세워 무장 투쟁을 준비하였다. (49, 51, 55, 56, 58, 59, 61, 65, 66회)
신민회는 평양에 자기 회사를 설립하였다. (50회)

🪖 통수 조심! 통수 대비 키워드 기출 선지 싹 모음

선지
보안회는 일제의 황무지 개간권 요구를 저지했다. (49, 55, 56, 57, 58, 61, 62, 64, 67, 68, 69, 71, 73회)

저격 키워드

#무단 통치기

why? 해품사 예측 근거

쉽게 나올 경우

☑ 정책: 교사가 제복을 입고 칼을 찬 상태로 수업을 진행함, 범죄 즉결례, 조선 태형령, 헌병 경찰제
☑ 경제 침탈: 토지 조사 사업, 회사령

일제 강점기의 식민 통치 및 사회상 유형은 대표적인 빈출 주제로, 민족 말살 통치기-무단 통치기-이른바 문화 통치기 순으로 출제 빈도가 높습니다. 특히 무단 통치기와 민족 말살 통치기의 식민 통치 정책 및 사회상은 한 회차 내에 동시에 출제될 가능성이 높기 때문에 동시에 공략할 것을 권장합니다.(p.48 43번 #민족 말살 통치기 키워드와 연계하여 학습!)

어렵게 나올 경우

☑ 경제 침탈: 광업령, 삼림령, 어업령 반포
☑ 교육: 제1차 조선 교육령 반포
☑ 관련 역사적 사실: 조선 물산 공진회 개최

📁 **여기서 무조건 나온다! 저격 키워드 기출 선지 싹 모음**

선지
무단 통치기에는 경복궁에서 조선 물산 공진회가 개최되었다. (72회)
무단 통치기에는 강압적 통치를 목적으로 헌병 경찰제가 시행되었다. (47, 51, 53, 58, 61, 62, 63, 64, 65, 66, 67, 69, 70, 72회)
무단 통치기에는 근대적 토지 소유권 확립을 명분으로 토지 조사 사업을 시행하였다. (47, 48, 49, 57, 58, 59, 62, 65, 66, 68, 73회)
무단 통치기에는 조선인에게만 적용된 형벌인 조선 태형령이 시행되었다. (49, 52, 53, 54, 55, 56, 57, 61, 63, 64, 66, 67, 69, 70, 72회)
무단 통치기에는 회사 설립 시 총독의 허가를 받도록 하는 회사령을 공포하였다. (49, 50, 53, 56, 57, 58, 59, 60, 61, 64, 70, 73회)

저격 키워드

#3·1 운동

쉽게 나올 경우

- ✅ 배경: 도쿄 청년 유학생들의 2·8 독립 선언서 발표 → 고종의 인산일을 계기로 만세 운동 준비
- ✅ 전개: 민족 대표 33인의 기미 독립 선언서 작성 → 탑골 공원에서 기미 독립 선언서 낭독 및 독립 만세 운동 전개(예 유관순의 천안 아우내 장터 독립운동) → 일제의 제암리 학살 사건
- ✅ 영향 및 의의: 대한민국 임시 정부 수립의 계기, 일제의 통치 방식이 이른바 '문화 통치'로 전환, 최대 규모의 민족 운동

어렵게 나올 경우

- ✅ 배경: 미국 대통령 윌슨의 민족 자결주의 제창
- ✅ 전개: 처음의 비폭력 운동에서 일본의 탄압으로 인해 무력 저항이 등장
- ✅ 영향 및 의의: 연해주·미주 등 해외 독립운동 확산, 중국의 5·4 운동 및 인도 비폭력 운동 등에 영향

통수 대비 키워드 #6·10 만세 운동

- ✅ 배경: 순종의 인산일을 계기로 만세 운동 준비
- ✅ 전개: 사회주의 계열 및 학생 중심으로 만세 운동 준비 → 사회주의 계열이 사전 발각되어 학생들이 주도하게 됨
- ✅ 영향 및 의의: 정우회 선언 발표 → 민족 유일당 운동 전개 → 신간회 창립

→ *통수 대비 키워드란?
저격 키워드 대신 기습적으로 출제될 수 있는 유력 키워드로, 출제 확률이 높을 경우 수록됩니다.

why? 해품사 예측 근거

일제 강점기의 항일 운동 유형은 1년에 최소 1~2번은 출제되는 일제 강점기 파트의 대표 빈출 주제로, 3·1 운동, 6·10 만세 운동, 광주 학생 항일 운동을 중심으로 공략할 필요가 있습니다. 특히 직전 회차에 광주 학생 항일 운동이 출제되었기 때문에 74회차에서는 항일 운동 유형 중 출제 빈도가 가장 높은 3·1 운동에 주목할 것을 권장합니다.

📁 **여기서 무조건 나온다! 저격 키워드 기출 선지 싹 모음**

선지
3·1 운동은 대한민국 임시 정부 수립의 계기가 되었다. (47, 49, 50, 55, 66, 72회)
3·1 운동 발생 이전에 도쿄 유학생들을 중심으로 2·8 독립 선언서가 발표되었다. (49, 50, 57, 59, 62, 65, 66회)
3·1 운동 때 민족 대표 33인 명의의 독립 선언서가 발표되었다. (51, 53, 56회)
3·1 운동은 중국의 5·4 운동에 영향을 주었다. (54, 63, 68회)
3·1 운동이 전개되는 과정에서 일제는 제암리 학살 등을 자행하였다. (48, 63회)

🎖 **통수 조심! 통수 대비 키워드 기출 선지 싹 모음**

선지
6·10 만세 운동은 민족주의 계열과 사회주의 계열이 함께 준비하였다. (47, 49, 54회)
6·10 만세 운동은 순종의 인산일을 기회로 삼아 대규모 시위를 계획하였다. (55, 61, 63, 66, 68, 72, 73회)
6·10 만세 운동 발생 이전에 시위를 준비하는 과정에서 **사회주의자들이 대거 검거되었다.** (61, 70회)

저격 키워드

#미주 지역의 국외 독립운동

why? 해품사 예측 근거

쉽게 나올 경우
- ☑ 기구(단체): 대조선 국민 군단(박용만), 흥사단(안창호)
- ☑ 관련 역사적 사실: 사진 결혼 유행, 사탕수수 농장에서 노동 착취

어렵게 나올 경우
- ☑ 기구(단체): 대한인 국민회, 윌로우스 비행 학교

통수 대비 키워드
#북간도
- ☑ 기구(단체): 간민회, 중광단(대종교 계열) → 이후 북로 군정서 개편
- ☑ 독립운동 사례: 봉오동 전투(홍범도-대한 독립군), 청산리 전투(김좌진-북로 군정서군)
- ☑ 학교: 서전서숙(이상설), 명동 학교(김약연)

일제 강점기의 국외 독립운동 유형은 한 능검 급수 체계 개편 이후 빈출도가 높아진 일제 강점기 파트의 대표 주제입니다. 국외 독립운동 유형은 다양한 지역과 관련된 키워드를 많이 외워야 하기 때문에 난도가 높은 편입니다. 특히 최근 회차에서 서간도 및 연해주 지역을 중심으로 출제하였기 때문에, 다른 지역의 독립운동 사례에 주목할 필요가 있습니다.

> *통수 대비 키워드란?
> 저격 키워드 대신 기습적으로 출제될 수 있는 유력 키워드로, 출제 확률이 높을 경우 수록됩니다.

📁 여기서 무조건 나온다! 저격 키워드 기출 선지 싹 모음

선지
미주 지역에서는 대한인 국민회를 조직하여 외교 활동을 펼쳤다. (49회)
미주 지역에서는 독립군 양성을 위해 박용만이 대조선 국민 군단을 결성하였다. (49, 50, 51, 58, 61, 67, 71, 72, 73회)
미주 지역에서는 한인 비행 학교를 세워 독립군 비행사를 육성하였다. (56, 73회)
미주 지역에서는 항일 독립운동 단체인 흥사단이 설립되었다. (66, 71회)

🪖 통수 조심! 통수 대비 키워드 기출 선지 싹 모음

선지
북간도 지역에서는 서전서숙과 명동 학교를 설립하여 민족 교육을 실시하였다. (51, 52, 53, 54, 65, 67, 72회)
북간도 지역에서는 북로 군정서군이 조직되어 독립 전쟁을 전개하였다. (53, 61회)

저격 키워드

#대한민국 임시 정부

 쉽게
나올 경우

☑ 상하이 시기 활동: 교통국, 구미 위원부, 김규식의
파리 강화 회의 파견, 독립신문, 독립(애국) 공채,
연통제, 백산 상회(안희제-부산), 이륭양행(교통국
지원), 『한·일 관계 사료집』

☑ 충칭 시기 활동: 한국광복군 창설 → 삼균주의 기초
대한민국 건국 강령 발표 → 국내 진공 작전 추진

 어렵게
나올 경우

☑ 상하이 시기 관련 사건: 국민 대표 회의(1923), 박
은식 제2대 대통령 선출(1925), 이상룡 초대 국무
령 선출(1925)

☑ 충칭 시기 관련 사건: 「대일 선전 성명서」 발표(1941),
조소앙의 삼균주의에 기초한 건국 강령 발표(1941)

 why? 해품사 예측 근거

대한민국 임시 정부는 일제 강점기 파트
에서 가장 빈출도가 높은 키워드입니다.
실제로 대한민국 임시 정부 관련 키워드
는 사실형 유형과 흐름형 유형을 비롯하
여 다른 기구 및 단체와 연계하여 출제
될 가능성이 높기 때문에 다양한 키워드
를 광범위하게 암기해야 합니다.

📁 **여기서 무조건 나온다!** 저격 키워드 기출 선지 **싹 모음**

선지
상하이 시기의 대한민국 임시 정부는 대미 외교를 수행하기 위해 구미 위원부를 설치하였다. (47, 57, 61, 62, 65회)
상하이 시기의 대한민국 임시 정부는 독립운동 자금 마련을 위해 독립 공채를 발행하였다. (48, 52, 53, 54, 57, 59, 62, 69, 71회)
상하이 시기의 대한민국 임시 정부는 비밀 행정 조직인 연통제를 조직하였다. (53, 55, 66회)
상하이 시기의 대한민국 임시 정부는 이륭양행에 교통국을 설치하였다. (56, 61, 67, 72회)
상하이 시기의 대한민국 임시 정부는 임시 사료 편찬회를 두어 『한·일 관계 사료집』을 편찬하였다. (51, 57, 62회)
상하이에서 국민 대표 회의가 개최되었다. (47, 50, 53, 55, 66, 73회)
충칭 시기의 대한민국 임시 정부는 「대일 선전 성명서」를 발표하였다. (50, 68회)
충칭 시기의 대한민국 임시 정부는 조소앙의 삼균주의를 기초로 건국 강령을 발표하였다. (47, 48, 50, 51, 54, 56, 58, 62, 64, 66, 68, 69, 70회)

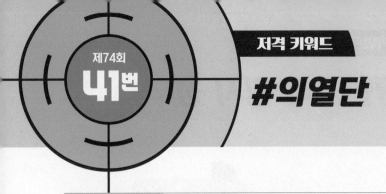

저격 키워드

#의열단

쉽게
나올 경우

- ☑ 대표 인물: 김원봉(단장), 김익상(조선 총독부 폭탄 투척), 김상옥(종로 경찰서 폭탄 투척), 나석주(동양 척식 주식회사 및 조선 식산 은행 폭탄 투척)
- ☑ 특징: 신채호의 「조선 혁명 선언」을 활동 지침으로 삼음

어렵게
나올 경우

- ☑ 관련 기구: 황푸 군관 학교(단원들의 훈련 장소), 조선 혁명 간부 학교(독립운동 간부 양성)
- ☑ 대표 인물: 김지섭(도쿄 궁성 폭탄 투척), 박재혁(부산 경찰서 폭탄 투척)

why? 해품사 예측 근거

의열단과 한인 애국단은 일제 강점기 파트에서 자주 출제되는 대표적인 빈출 단체입니다. 특히 두 단체의 대표 인물을 구별하는 것이 중요합니다. 직전 회차에 한인 애국단이 출제되었기 때문에 74회차에서는 의열단에 주목할 필요가 있습니다.

📂 **여기서 무조건 나온다!** 저격 키워드 기출 선지 싹 모음

선지
김원봉은 의열단을 조직하여 단장으로 활동하였다. (49회)
단원인 나석주는 동양 척식 주식회사에 폭탄을 투척하였다. (48, 49, 56, 59, 67회)
의열단은 「조선 혁명 선언」을 지침으로 삼았다. (47, 48, 49, 50, 51, 52, 53, 54, 55, 56, 58, 61, 62, 64, 65, 66, 68, 69, 70, 72, 73회)
단원인 김상옥은 종로 경찰서에서 폭탄을 투척하였다. (51회)
의열단의 단원들은 황푸 군관 학교에 입학하여 군사 훈련을 받았다. (62회)

저격 키워드

#부산 지역사

쉽게 나올 경우

☑ 문화유산: 초량 왜관
☑ 역사적 사실: 강화도 조약 체결 이후 개항지, 송상현의 동래성 항전, 6·25 전쟁 당시 임시 수도, 발췌 개헌안 통과

어렵게 나올 경우

☑ 문화유산: 동삼동 패총, 백산 상회
☑ 역사적 사실: 내상의 활동 지역, 박재혁의 부산 경찰서 폭탄 투척 의거, 부·마 항쟁, 부산 아시안 게임

why? 해품사 예측 근거

지역사 유형은 출제 빈도가 높은 한능검의 대표적인 시대 통합형 유형으로, 매회차 다양한 지역의 문제를 출제합니다. 한능검 출제 경향을 고려했을 때, 최근에 출제되지 않은 지역이 재응용될 것으로 예상되기 때문에 부산 지역사에 주목할 것을 권장합니다.

📂 **여기서 무조건 나온다!** 저격 키워드 기출 선지 **싹 모음**

선지
강화도 조약 체결 이후 부산 외 2곳의 항구가 개항되는 결과를 가져왔다. (48, 49, 53, 59, 62, 70회)
부산 지역에서는 내상이 무역 활동을 전개하였다. (63회)
부산 지역에서는 박재혁이 경찰서에서 폭탄을 터뜨리는 의거를 일으켰다. (52, 69회)
부산 지역에서는 비상계엄이 선포된 가운데 발췌 개헌안이 통과되었다. (51, 52, 59, 66, 68, 70, 72회)
부산 지역에서는 송상현이 동래성에서 왜군에 항전하였다. (55, 64, 67회)

제74회
43번

#민족 말살 통치기

**쉽게
나올 경우**

- ☑ 전쟁: 금속 및 미곡 공출, 국가 총동원법, 중일 전쟁, 태평양 전쟁
- ☑ 세뇌: 황국 신민 서사
- ☑ 노역: 여자 정신 근로령
- ☑ 이 외 사실: 조선 사상범 예방 구금령(1941)

**어렵게
나올 경우**

- ☑ 전쟁: 애국반, 위안부, 학도 지원병제
- ☑ 세뇌: 신사 참배, 창씨 개명
- ☑ 노역: 국민 징용령, 몸뻬 착용 강조

why? 해품사 예측 근거

일제 강점기의 식민 통치 및 사회상 유형은 대표적인 빈출 주제로, 민족 말살 통치기-무단 통치기-이른바 문화 통치기 순으로 출제 빈도가 높습니다. 특히 무단 통치기와 민족 말살 통치기의 식민 통치 정책 및 사회상은 한 회차 내에 동시에 출제될 가능성이 높기 때문에 동시에 공략할 것을 권장합니다.(p.42 37번 #무단 통치기 키워드와 연계하여 학습!)

📁 **여기서 무조건 나온다!** 저격 키워드 기출 선지 **싹 모음**

선지
민족 말살 통치기에는 국가 총동원법을 제정하여 인력과 물자를 강제 동원하였다. (60, 64, 65, 71, 73회)
민족 말살 통치기에는 국민 징용령에 의해 강제로 노동 현장에 동원되었다. (50, 54, 55, 71회)
민족 말살 통치기에는 식량 배급 및 미곡 공출제를 시행하였다. (48, 55, 57, 60, 62회)
민족 말살 통치기에는 애국반이 편성되어 몸뻬 착용을 강요하는 등 일상생활이 통제되었다. (58, 60, 64, 70, 72회)
민족 말살 통치기에는 여자 정신 근로령을 공포하여 한국인 여성을 강제로 동원하였다. (48, 61, 66, 73회)
민족 말살 통치기에는 조선 사상범 예방 구금령을 시행하였다. (47, 48, 55, 58, 59, 64, 66, 69, 70, 73회)
민족 말살 통치기에는 조선인들을 신사 참배에 강제 동원하였다. (49, 56회)
민족 말살 통치기에는 황국 신민 서사 암송을 강요하였다. (49, 53, 54, 55, 57, 58, 63, 67, 69, 70, 71, 73회)

저격 키워드

#한국광복군

 **why?** 해품사 예측 근거

일제 강점기의 군사 조직 유형은 대표 빈출 유형입니다. 여러 단체의 이름이 상당히 유사하여 혼동하기 쉬운 만큼 확실하게 암기할 필요가 있습니다. 특히 최근 회차에서 북로 군정서와 조선 의용대가 출제되었기 때문에 74회차에서는 다른 단체의 출제 가능성에 주목할 필요가 있습니다.

쉽게 나올 경우

- ☑ 대표 인물: 지청천(총사령)
- ☑ 전투 사례: 국내 진공 작전 추진
- ☑ 특징: 충칭 시기 대한민국 임시 정부의 산하 부대

어렵게 나올 경우

- ☑ 대표 인물: 김원봉(부사령)
- ☑ 전투 사례: 연합군의 일원으로 인도·미얀마 전선 파견

통수 대비 키워드
#조선 혁명군

- ☑ 대표 인물: 양세봉(총사령)
- ☑ 전투 사례: 영릉가 전투, 흥경성 전투
- ☑ 특징: 중국 의용군과 연합 작전 전개

→ *통수 대비 키워드란?
저격 키워드 대신 기습적으로 출제될 수 있는 유력 키워드로, 출제 확률이 높을 경우 수록됩니다.

📁 여기서 무조건 나온다! 저격 키워드 기출 선지 싹 모음

선지
한국광복군은 미국과 연계하여 국내 진공 작전을 전개하였다. (48, 52, 53, 54, 58, 59, 60, 61, 64, 66, 68, 69, 71, 72회)
한국광복군은 영국군의 요청으로 인도·미얀마 전선에 투입되었다. (47, 51, 63, 67회)
한국광복군은 충칭 시기의 대한민국 임시 정부의 산하 부대로 조직되었다. (50, 53회)

🪖 통수 조심! 통수 대비 키워드 기출 선지 싹 모음

선지
조선 혁명군은 영릉가 및 흥경성에서 일본군에게 승리를 거두었다. (47, 48, 51, 54, 57, 58, 59, 63, 64, 68, 69, 71, 72회)
조선 혁명군은 총사령 양세봉의 지휘 아래 활동하였다. (60회)
조선 혁명군은 중국 의용군과 연합하여 활동하였다. (64회)

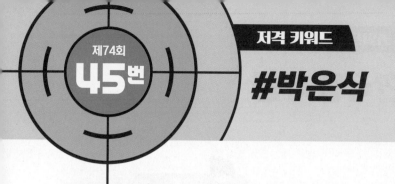

저격 키워드

#박은식

why? 해품사 예측 근거

박은식은 대한민국 임시 정부 유형과 함께 인물 유형으로 자주 언급되는 편입니다. 특히 최근 출제 경향을 고려했을 때 74회차에서는 일제 강점기의 인물 유형이 출제될 수 있다고 판단되므로 박은식을 공략할 것을 권장합니다.

쉽게 나올 경우

☑ 역사서: 『한국통사』, 『한국독립운동지혈사』

어렵게 나올 경우

☑ 활동: 대한민국 임시 정부 제2대 대통령 역임, 유교 구신론 주장

통수 대비 키워드 #신채호

☑ 역사서: 『독사신론』, 『을지문덕전』, 『이순신전』, 『조선사연구초』, 『조선상고사』
☑ 활동: 국민 대표 회의의 창조파 대표, 「조선 혁명 선언」 작성

*통수 대비 키워드란?
저격 키워드 대신 기습적으로 출제될 수 있는 유력 키워드로, 출제 확률이 높을 경우 수록됩니다.

📁 여기서 무조건 나온다! 저격 키워드 기출 선지 싹 모음

선지
박은식은 국권 피탈 과정을 정리한 『한국통사』를 저술하였다. (48, 49, 51, 54, 59, 61, 63, 64, 65, 66회)
박은식은 실천적인 유교 정신을 강조하는 「유교구신론」을 저술하였다. (55, 56, 57, 72회)
박은식은 『한국독립운동지혈사』에서 독립 투쟁을 서술하였다. (47, 50, 67, 69, 70회)

🎖️ 통수 조심! 통수 대비 키워드 기출 선지 싹 모음

선지
신채호는 고대사 연구를 바탕으로 『조선상고사』를 저술하였다. (50, 57회)
신채호는 민족을 역사 서술의 중심에 둔 『독사신론』을 발표하였다. (56, 64회)

저격 키워드

#6 · 25 전쟁

 쉽게 나올 경우

☑ 관련 사실: 국민 방위군 사건, 국민 보도 연맹 사건, 발췌 개헌안 통과, 부산 임시 수도

 어렵게 나올 경우

☑ 대표 사건 흐름: 낙동강 전선에서 대립(예 다부동 전투) → 인천 상륙 작전 전개 → 서울 수복 및 압록강 유역 진출 → 중공군 개입 → 흥남 철수 작전 전개 → 1·4 후퇴 → 개성에서 첫 정전(휴전) 회담 개최 → 반공 포로 석방 → 판문점에서 정전 협정 체결

 **why?** 해품사 예측 근거

6·25 전쟁 유형은 한능검 급수 체계 개편 이후 빈출도가 높아진 현대 파트의 대표 주제로, 사실형 유형과 관련 사건의 흐름형 유형으로 나뉘어 출제됩니다. 1년에 최소 2번 이상 출제되는 주제인 만큼 철저히 대비할 것을 권장합니다.

📁 **여기서 무조건 나온다! 저격 키워드 기출 선지 싹 모음**

선지
6·25 전쟁 때 국민 방위군 사건이 발생하였다. (58, 61, 63, 64, 72회)
6·25 전쟁 때 국군이 다부동 전투에서 북한군의 공세를 방어하였다. (55회)
6·25 전쟁 때 부산이 임시 수도로 정해졌다. (61, 65회)
6·25 전쟁 때 반공 포로가 석방되었다. (58, 63, 68회)
6·25 전쟁 때 비상계엄이 선포된 가운데 발췌 개헌안이 통과되었다. (51, 52, 59, 66, 68, 70, 72회)
6·25 전쟁 때 유엔군이 인천 상륙 작전을 전개하였다. (61, 62, 66, 68회)
6·25 전쟁 때 흥남에서 대규모 철수 작전이 전개되었다. (51, 55, 61, 68, 69회)

 헷갈리지 말자! 빈출 오답 키워드

*빈출 오답 키워드는 저격 키워드와 함께 자주 출제되는 키워드입니다.

#6 · 25 전쟁 배경 & 영향

선지
6·25 전쟁 이전인 1950년 1월 미국의 극동 방위선을 규정한 **애치슨 라인**이 발표되었다. (51, 55, 61, 62, 64, 65, 66, 69, 70, 71회)
6·25 전쟁 휴전 협정 이후인 1953년 10월 **한미 상호 방위 조약**이 체결되었다. (51, 59, 61, 64, 65, 68, 69회)

저격 키워드

#박정희 정부

why? 해품사 예측 근거

쉽게 나올 경우	☑ 정치: 국민 교육 헌장, 새마을 운동, 3선 개헌(제6차 개헌), 유신 헌법(제7차 개헌) 및 통일 주체 국민 회의
	☑ 경제: 경부 고속 도로 개통, 제1차~제3차 경제 개발 5개년 계획 시행[제1~2차-경공업, 제3차-중화학 공업(⑩ 포항 제철)], 제1·2차 석유 파동
	☑ 민주화 운동 및 사건: 3·1 민주 구국 선언, 전태일 분신 사건, 6·3 시위, YH 무역 농성 사건 → 부·마 민주 항쟁
	☑ 외교: 한일 기본 조약 체결, 7·4 남북 공동 성명 (남북 조절 위원회), 연간 수출액 100억 달러 달성 (1977)
어렵게 나올 경우	☑ 정치: 인민 혁명당 재건위 사건, 중학교 무시험 진학 제도
	☑ 경제: 8·3 조치
	☑ 민주화 운동 및 사건: 광주 대단지 사건, 개헌 청원 100만인 서명 운동(장준하), 함평 고구마 피해 보상 투쟁
	☑ 외교: 서독 광부 파견, 브라운 각서, 남북 적십자 회담

박정희 정부는 해방 이후 가장 오래 지속된 정권이기 때문에, 거의 매 회차 출제되는 현대사의 대표 빈출 키워드입니다. 재임 기간이 길었기 때문에 상당히 많은 키워드가 활용되고 있으니 주의할 필요가 있습니다.

 여기서 무조건 나온다! 저격 키워드 기출 선지 싹 모음

선지
박정희 정부 때 경부 고속 도로가 개통되었다. (48, 51, 56, 64, 72회)
박정희 정부 때 국민 교육 헌장이 발표되었다. (49, 56, 57, 69, 71회)
박정희 정부 때 농촌의 근대화를 표방한 새마을 운동이 전개되었다. (56, 57, 60회)
박정희 정부 때 통일 주체 국민 회의에서 대통령이 선출되었다. (58, 59, 62, 67, 71, 72회)
박정희 정부 때 제3차 경제 개발 5개년 계획을 추진하며 포항 제철소 1기가 준공되었다. (53, 58, 69회)
박정희 정부 때 7·4 남북 공동 성명을 실천하기 위해 남북 조절 위원회를 구성하였다. (47, 48, 50, 51, 52, 53, 56, 57, 58, 59, 60, 61, 62, 63, 64, 65, 67, 68, 69, 70, 71, 73회)
박정희 정부 때 굴욕적인 한·일 국교 정상화에 반대하는 6·3 시위가 일어났다. (50, 52, 53, 54, 55, 60, 61, 62, 63, 64, 69, 72회)

저격 키워드

#김영삼 정부

쉽게 나올 경우

- ☑ 정치: 역사 바로 세우기 운동 추진(경복궁 앞 옛 조선 총독부 철거, 국민학교 명칭을 초등학교로 변경)
- ☑ 경제: 금융 실명제 실시
- ☑ 외교: 경제 협력 개발 기구(OECD) 가입, 국제 통화 기금(IMF) 구제 금융 요청

어렵게 나올 경우

- ☑ 정치: 하나회 숙청(군 내부 사조직 해체)
- ☑ 사회: 전국 민주 노동조합 총연맹(민주노총) 창립
- ☑ 외교: 우루과이 라운드 협상 타결, 세계 무역 기구(WTO) 가입
- ☑ 사건: 삼풍 백화점 붕괴 사고 발생

why? 해품사 예측 근거

역대 정부의 업적 또는 역사적 사실 유형은 거의 매 회차에 한 문제씩은 출제되는 편입니다. 특히 최근 약 네 번 연속 김영삼 정부와 관련된 유형이 출제되지 않았기 때문에, 이번 74회차에 출제될 가능성이 있습니다.

📁 **여기서 무조건 나온다! 저격 키워드 기출 선지 싹 모음**

선지
김영삼 정부 때 경제 협력 개발 기구(OECD) 회원국이 되었다. (47, 48, 50, 51, 54, 56, 60, 63, 64, 70회)
김영삼 정부 때 국민학교라는 명칭을 초등학교로 변경하였다. (48회)
김영삼 정부 때 대통령 긴급 명령으로 금융 실명제를 실시하였다. (47, 49, 51, 52, 53, 55, 57, 58, 60, 61, 62, 66, 68, 69, 73회)
김영삼 정부 때 삼풍 백화점 붕괴 사고가 일어났다. (68, 72회)
김영삼 정부 때 역사 바로 세우기를 내세우며 옛 조선 총독부 건물을 철거하였다. (69회)
김영삼 정부 때 전국 민주 노동조합 총연맹이 창립되었다. (52, 54, 59, 62, 70, 73회)

저격 키워드

#6월 민주 항쟁

쉽게 나올 경우
- ☑ 배경: 전두환 정부의 4·13 호헌 조치 발표, 박종철 고문치사 사건 및 이한열 열사의 최루탄 피격 사망 사건 발생
- ☑ 전개: 호헌 철폐 및 독재 타도 요구
- ☑ 영향: 5년 단임 대통령 직선제 개헌 시행

어렵게 나올 경우
- ☑ 영향: 6·29 민주화 선언 발표

통수 대비 키워드
#4·19 혁명
- ☑ 배경: 이승만의 장기 독재에 저항 → 대구 2·28 민주화 운동 → 3·15 부정 선거 발생 및 김주열 열사의 시신 발견
- ☑ 전개: 경무대(현 청와대) 앞 시위에서 경찰이 시위대를 향해 총격 가함 → 대학생 및 교수단 시위 전개
- ☑ 영향: 이승만 대통령 하야 → 허정 과도 정부 수립 (제3차 개헌 발표) → 의원 내각제 시행 및 장면 내각 출범

why? 해품사 예측 근거

6월 민주 항쟁 관련 문제는 1년에 최소 두 번 이상 반드시 출제되는 현대 파트의 대표적인 빈출 주제로, 주로 4·19 혁명, 5·18 광주 민주화 운동, 6월 민주 항쟁이 출제됩니다. 특히 직전 회차에서 5·18 광주 민주화 운동이 이미 출제되었기 때문에, 74회차에서는 다른 민주화 운동 사례에 주목하는 것이 좋겠습니다.

↳ *통수 대비 키워드란?
저격 키워드 대신 기습적으로 출제될 수 있는 유력 키워드로, 출제 확률이 높을 경우 수록됩니다.

📂 **여기서 무조건 나온다! 저격 키워드 기출 선지 싹 모음**

선지
6월 민주 항쟁 직전에 시위 도중 대학생 이한열이 희생되었다. (48, 51, 62, 69회)
6월 민주 항쟁 때 박종철 고문치사 사건의 진상 규명을 요구하였다. (48, 55, 60, 62회)
6월 민주 항쟁 때 호헌 철폐, 독재 타도 등의 구호를 내세웠다. (48, 50, 51, 53, 55, 56, 57, 58, 59, 60, 61, 62, 66, 69, 73회)
6월 민주 항쟁의 결과 직선제 개헌을 약속한 6·29 선언을 이끌어냈다. (71, 73회)
6월 민주 항쟁의 결과 5년 단임의 대통령 직선제 개헌을 이끌어냈다. (49, 50, 54, 63, 64, 65, 67, 68, 72, 73회)

🛡 **통수 조심! 통수 대비 키워드 기출 선지 싹 모음**

선지
4·19 혁명 때 대학 교수단이 대통령 퇴진을 요구하며 **시위 행진**을 벌였다. (48, 50회)
4·19 혁명의 결과 대통령이 하야하여 미국으로 망명하는 결과를 가져왔다. (57, 63, 64, 66, 67, 71, 73회)
4·19 혁명의 결과 대통령 중심제에서 의원 내각제로 바뀌는 계기가 되었다. (47, 48, 54, 55, 60, 61, 64, 72회)
4·19 혁명의 결과 장면 내각이 출범하는 계기가 되었다. (51, 60, 65, 68회)
4·19 혁명의 결과 허정 과도 정부가 구성되는 결과를 가져왔다. (49, 52, 53, 58, 61, 63, 69, 72회)

저격 키워드

#노태우 정부의 통일 노력

쉽게 나올 경우

- ☑ 외교: 북방 외교 및 국교 수립(예 소련, 중국, 헝가리 등), 서울 올림픽 개최(1988)
- ☑ 통일: 남북한 유엔(UN) 동시 가입, 남북 기본 합의서 발표(남북 사이의 화해와 불가침 및 교류·협력에 관한 합의서), 한반도 비핵화 공동 선언 발표

어렵게 나올 경우

- ☑ 정치: 3당 합당(민주자유당 창당)
- ☑ 통일: 민족 자존과 통일 번영을 위한 7·7 선언 발표

통수 대비 키워드
#김대중 정부

- ☑ 정치: 최초의 여야 평화적 정권 교체, 국가 인권 위원회 및 여성부 신설, 국민 기초 생활 보장법 제정, 노사정 위원회 신설, 금 모으기 운동 전개 → 국제 통화 기금(IMF) 조기 상환, 중학교 의무 교육 전국 시행
- ☑ 외교: 부산 아시안 게임 개최, 한·일 월드컵 공동 개최
- ☑ 통일: 최초의 남북 정상 회담 개최, 6·15 남북 공동 선언 발표, 개성 공단 설치 합의, 경의선 복원 사업 시행, 금강산 해상 관광 사업 시작

why? 해품사 예측 근거

현대 파트의 대표적인 빈출 주제인 역대 정부의 통일 노력은 노태우, 김대중, 노무현 정부를 중심으로 출제됩니다. 특히 직전 회차에서 노무현 정부와 문재인 정부의 통일 노력 사례를 제시하였으므로 74회차에서는 다른 정부의 통일 노력 사례에 주목할 필요가 있습니다.

└─→ *통수 대비 키워드란?
저격 키워드 대신 기습적으로 출제될 수 있는 유력 키워드로, 출제 확률이 높을 경우 수록됩니다.

📁 여기서 무조건 나온다! 저격 키워드 기출 선지 싹 모음

선지
노태우 정부 때 남북 사이의 화해와 불가침 및 교류·협력에 관한 합의서를 채택하였다. (47, 51, 53, 57, 58, 64, 68, 71, 72회)
노태우 정부 때 남북한이 국제 연합(UN)에 동시 가입하였다. (49, 50, 57, 59, 61, 63, 67, 68, 73회)
노태우 정부 때 한반도 비핵화 공동 선언에 합의하였다. (47, 48, 49, 50, 52, 53, 56, 61, 62, 65, 71회)

🛡️ 통수 조심! 통수 대비 키워드 기출 선지 싹 모음

선지
김대중 정부 때 남북 교류 협력을 위한 **개성 공업 지구** 조성에 합의하였다. (48, 53, 59, 60, 63, 64, 73회)
김대중 정부 때 남북 경제 교류 증진을 위한 **경의선 복원 공사**가 시작되었다. (55회)
김대중 정부 때 남북 정상 회담을 최초로 개최하였다. (51, 56회)
김대중 정부 때 6·15 남북 공동 선언을 채택하였다. (58, 61, 65, 66, 68, 71회)

※ 교재 내 수록된 사진 자료 출처
• 국사편찬위원회 우리역사넷
• 국가유산청 국가유산포털
• 문화체육관광부 국립중앙박물관(e뮤지엄)
• 위키백과_퍼블릭 도메인

2025년도 제74회 저격 한국사능력검정시험

정답 및 해설

정답 및 해설

저격 모의고사
해설강의

제74회 저격 한국사능력검정시험 정답 한눈에 보기

01 ④	02 ②	03 ①	04 ③	05 ⑤	06 ②	07 ③	08 ②	09 ④	10 ①
11 ⑤	12 ⑤	13 ③	14 ⑤	15 ①	16 ⑤	17 ④	18 ④	19 ①	20 ③
21 ③	22 ⑤	23 ②	24 ③	25 ④	26 ②	27 ③	28 ①	29 ④	30 ⑤
31 ⑤	32 ④	33 ⑤	34 ②	35 ①	36 ②	37 ③	38 ②	39 ⑤	40 ②
41 ④	42 ①	43 ②	44 ④	45 ⑤	46 ③	47 ①	48 ⑤	49 ④	50 ①

1. 정답 ④

해품사의 출제 저격

1번의 신석기 시대 유형은 대표 유물 사진을 활용한 방식으로 출제될 가능성이 높습니다. 최근 기출에서 다양한 방식으로 각 시대별 대표 유물 사진을 힌트로 제시한 사례가 많았기 때문에, 키워드 학습과 사진 자료를 함께 눈에 익혀 두는 것을 권장합니다. 특히 신석기 시대의 경우 가락바퀴, 갈돌과 갈판, 빗살무늬 토기 관련 사진을 주로 제시합니다!

문제 키워드 추출

☑ 부산 동삼동 유적, 농경과 정착 생활이 시작됨, 빗살무늬 토기, 갈돌과 갈판

문제에서 신석기 시대의 대표 유적지인 부산 동삼동 유적과, 농경과 정착 생활의 시작과 같은 생활 방식의 변화, 빗살무늬 토기, 갈돌과 갈판 등을 언급하였으므로, 신석기 시대에 의류 제작과 관련된 도구인 가락바퀴와 뼈바늘이 등장하였다는 생활상 사례를 언급한 ④번 선지가 정답입니다!

선지 분석

① 소를 이용한 깊이갈이의 기록은 신라 지증왕 때 최초의 기록이 발견되었다.
② 구석기 시대에는 주변의 동굴 또는 바위 그늘에 거주하거나 막집을 따로 지어 살았다.

③ 철기 시대에는 명도전, 반량전 등의 화폐를 사용하여 중국과 교류하였다.
④ 신석기 시대에는 가락바퀴와 뼈바늘을 이용하여 원시적인 수공업이 이루어졌다.
⑤ 구석기 시대에는 주먹도끼, 찍개 등 돌을 깨서 제작한 도구인 뗀석기를 처음 제작하였다.

2. 정답 ②

해품사의 출제 저격

여러 국가의 성장과 관련된 유형은 각 국가와 관련된 관직·지역·특산물·풍습 등 다양한 키워드를 활용하여 출제될 가능성이 높습니다. 단, 가끔씩 난도를 높이기 위해 각 국가와 관련된 대표 사료를 응용하여 출제할 수 있기 때문에, 대표 사료 원문을 한 번씩이라도 읽어보는 것을 권장합니다. 만약 시험에서 부여가 출제될 경우, 사출도 또는 영고를 힌트로 제시할 가능성이 매우 높습니다!

문제 키워드 추출

☑ 영고, 형사취수제

문제에서 부여의 제천 행사인 영고와, 형이 죽을 경우 동생이 형을 대신해 형수와 부부 생활을 이어가는 부여의 대표적인 풍습인 형사취수제를 언급하였

으로, 부여의 마가·우가·저가·구가의 가(加)들이 다스린 지방 행정 구역을 언급한 ②번 선지가 정답입니다!

선지 분석

① 민며느리제는 여자의 나이가 열 살이 되기 전 혼인을 약속한 뒤 신랑 집에서 기르다가, 여자가 장성하면 집으로 돌아간 뒤 신랑 집에서 돈을 지불하고 다시 데려와 아내로 삼는 **옥저의 혼인 풍습**이었다.

②부여는 **동물의 이름을 딴 부족** 등이 나눠 다스린 지방 관할 구획으로 **사출도**가 있었다.

③ 고구려에는 **상가, 사자, 대로, 조의, 선인, 패자** 등의 관직이 있었다.

④ 고조선에는 사회 질서 유지를 위해 **다양한 범죄에 대한 형벌을 규정한 범금 8조**라는 제도가 있었다.

⑤ **삼한**에는 제사장인 **천군**이 제사를 주관하는 신성 지역인 **소도**가 존재하였다.

3. 정답 ①

해품사의 출제 저격

삼국 시대의 왕 업적 유형은 각 왕의 활동과 관련된 특정 사료 또는 키워드를 활용하여 출제할 가능성이 높습니다. 특히 백제 성왕을 출제할 경우 관산성 전투와 관련된 사료가 제시될 가능성이 높기 때문에, 관련 사료를 반드시 숙지하는 것을 권장합니다.

문제 키워드 추출

☑ 왕이 신라를 습격하려고 구천(狗川)에 이름, 적의 병사들에게 살해됨

문제에서 백제의 성왕이 신라에 대한 복수를 위해 관산성 인근을 습격하였다가 전사한 관산성 전투를 언급하였으므로(구천은 관산성 인근 지역), 성왕이 백제의 중흥을 위해 시행한 대표적인 정책을 언급한 ①번 선지가 정답입니다!

선지 분석

①백제 성왕은 백제의 중흥을 위해 **웅진에서 사비로 천도**하고 **국호를 남부여로 개칭**하였다.

② 백제 무왕은 전라북도 익산 금마저에 **미륵사를 창건**하였다.

③ 백제 근초고왕은 고구려의 **평양성을 공격**하여 고국원왕을 전사시켰다.

④ 백제 개로왕은 중국의 위나라(북위)에 사신을 파견하여 **고구려 공격을 요청**하였다.

⑤ 백제 침류왕 때 중국 동진에서 온 승려인 **마라난타**를 통해 **불교를 수용**하였다.

4. 정답 ③

해품사의 출제 저격

삼국 시대 왕들의 업적 유형은 각 왕의 활동과 관련된 특정 사료 또는 키워드를 활용하여 출제될 가능성이 높습니다. 특히 한능검에서 신라 법흥왕을 출제할 경우 연호(건원), 제도, 종교(불교)와 관련된 키워드를 주로 제시합니다.

문제 키워드 추출

☑ 율령을 반포, 관리들의 공복을 제정, 상대등

문제에서 신라 법흥왕이 율령을 반포하고, 제도를 정비하기 위해 관리들의 공복을 제정하고 최고 관직인 상대등을 설치한 것을 언급하였으므로, 신라 법흥왕이 독자적인 연호인 건원을 사용한 사례를 언급한 ③번 선지가 정답입니다!

선지 분석

① 신라 지증왕 때 **이사부**를 파견하여 현재의 울릉도인 **우산국을 신라의 영토로 복속**하였다.

② 신라 내물왕 때 왕의 호칭으로 **마립간을 처음 사용**하였다.

③신라 법흥왕은 **건원이라는 독자적인 연호**를 사용하였다.

④ 신라 진흥왕 때 청소년 수양 단체인 **화랑도를 국가 조직으로 개편**하였으며, 이들은 **삼국 통일의 주역으로 활약**하였다.

⑤ 신라 선덕 여왕 때 자장이 나라를 지키기 위한 목적으로 **황룡사 구층 목탑의 건립**을 건의하였다.

5. 정답 ⑤

해품사의 출제 저격

삼국 통일 과정 유형은 두 시기 사이 유형, 순서 유형(가나다 순서 파악), 연표 유형 등으로 출제됩니다. 특히 최근 기출 경향에서 두 시기 사이 유형이 출제되지 않았다는 점을 고려했을 때 이번 시험에서 오랜만에 이 유형이 다시 출제될 수 있으므로 특히 주의해야 합니다.

문제 키워드 추출

☑ 계백, 황산, 기벌포

(가) 황산벌 전투(백제 제31대 의자왕, 660)
(나) 기벌포 전투(신라 제30대 문무왕, 676)

(가)는 황산벌 전투에서 신라 군대에 맞서 싸운 계백이 키워드로 제시되고 있고, (나)는 나당 전쟁 당시 신라가 당나라 수군에 승리한 전투 지역인 기벌포가 키워드로 제시되고 있습니다. 따라서 (가)는 황산벌 전투, (나)는 기벌포 전투임을 알 수 있습니다. 황산벌 전투에서 패배한 이후 백제가 멸망하였으며, 나당 전쟁은 백제와 고구려가 멸망한 이후에 일어난 사건이기 때문에 흐름상 백제 멸망과 나당 전쟁 사이 시기인 ⑤번의 663년 백제의 부흥 운동 사례가 정답입니다!

선지 분석

① 백제 의자왕은 642년에 윤충이라는 장수를 파견하여 대야성을 함락시켰으며, 이때 김춘추의 가족들이 살해되었다.(이전)
② 연개소문은 642년에 정변을 일으켜 영류왕을 제거한 뒤, 보장왕을 즉위시키고 스스로 대막리지가 되었다.(이전)
③ 신라 진덕 여왕 때인 648년에 김춘추가 당나라로 넘어가 당 태종과 군사 동맹을 맺었다.(이전)
④ 고구려 영양왕 때인 612년에 을지문덕은 중국 수나라의 양제가 파견한 군대를 살수 대첩을 통해 격파하였다.(이전)
⑤ 삼국 통일 과정에서 백제 멸망 이후 부여풍은 663년에 왜군과 함께 백강에서 당군에 맞서 싸웠다.

6. 정답 ②

해품사의 출제 저격

삼국 시대의 사회상 유형은 특정 국가와 관련된 관직, 건축물, 문화유산, 제도 등 다양한 요소를 문제 키워드로 제시할 수 있습니다. 그러므로 각 국가의 사회적 특징을 폭넓게 파악하는 것이 중요하며, 특히 백제의 사회상은 관등 제도, 문화유산, 지배층과 관련된 사례를 우선적으로 공부하는 것을 권장합니다.

문제 키워드 추출

☑ 16품계 좌평, 5방, 웅진성

문제에서 백제의 관등 제도인 16품계와 좌평, 지방 행정 제도인 5방, 대표적인 성(城)인 웅진성이 언급되었으므로, 백제의 귀족 회의와 관련된 키워드가 언급된 ②번 선지가 정답입니다!

선지 분석

① 고구려는 국립 교육 기관인 태학과 글과 활쏘기를 가르치는 일종의 미성년 학교인 경당을 설립하여 인재를 양성하였다.
② 대표적인 백제의 사회상으로, 백제 귀족들이 정사암에 모여 국가의 중대사를 결정하는 귀족 회의를 개최한 것을 들 수 있다.
③ 도병마사는 고려 시대의 대표적인 독자적 정치 기구로, 국방과 군사 문제 등 국가의 주요 사안을 논의하였다.
④ 통일 신라는 지방 세력을 견제하기 위해 중앙 정부에서 각 지방의 자제를 볼모로 삼는 상수리 제도를 운영하였다.
⑤ 신라의 골품제는 정해진 신분에 따라 부여되는 특권과 제약에 차이를 두었다.

7. 정답 ③

신문왕은 정치, 경제, 문화유산 등 다양한 키워드를 활용하여 출제할 수 있습니다. 특히 최근 기출에서는 신문왕의 업적을 대표 키워드로 제시하는 시대 통합형 문제가 많았기 때문에, 만약 이번 회차에 출제될 경우 단일 왕 업적 유형으로 출제될 가능성이 있습니다.

문제 키워드 추출

☑ 김흠돌의 반란을 진압함, 국학, 9주

문제에서 신문왕이 김흠돌(신문왕의 장인)의 반란을 진압한 사례와 신문왕 재위 시기 설립된 국학, 신문왕이 정비한 지방 행정 제도인 9주를 언급하였으므로, 신문왕 때 실시한 개혁과 관련된 사례를 다룬 ③번 선지가 정답입니다!

선지 분석

① 신라 법흥왕 때 군사에 대한 사무를 관장하는 관청인 병부 및 최고 관직인 상대등을 설치하였다.
② 통일 신라 경덕왕 때 김대성이 불교 관련 문화유산인 불국사와 석굴암을 조성하였으며, 모두 세계 문화유산으로 등재되었다.
③ 통일 신라 신문왕 때 귀족들에게 관료전을 지급하며 기존 귀족들의 경제 기반이었던 녹읍을 폐지하였다.
④ 신라 진흥왕 때 거칠부에게 명령하여 역사서인 「국사」를 편찬하였다.
⑤ 통일 신라 원성왕 때 유교 경전의 독해 능력에 따라 3등급으로 나누어 관리를 선발하는 제도인 독서삼품과를 시행하였다.

8. 정답 ②

인물 유형은 기본적으로 다양한 출제 방식을 활용하여 특정 인물의 키워드를 반드시 제시합니다. 고대의 경우 공략할 인물이 비교적 많지 않기 때문에, 오히려 정답 선지보다 오답 선지로 자주 언급되는 인물들을 혼동하지 않도록 주의할 필요가 있습니다. 특히 최치원의 경우 시무책 10여 조와 6두품 등의 키워드가 직접적으로 언급될 가능성이 높습니다.

문제 키워드 추출

☑ 빈공과 급제, 격황소서, 계원필경

문제에서 최치원이 당나라 과거제인 빈공과에 급제한 사실과 황소의 난을 진압하기 위해 최치원이 쓴 글인 「격황소서」, 당에 있을 당시의 작품을 간추린 문집인 「계원필경」을 언급하였습니다. 때문에 통일 신라 하대의 대표적인 왕인 진성 여왕에게 최치원이 정치 개혁안 시무책 10여 조를 건의한 사례를 언급한 ②번 선지가 정답입니다!

선지 분석

① 신라의 혜초는 고대 인도 및 중앙아시아의 국가들을 답사한 뒤 기행문인 「왕오천축국전」을 저술하였다.
② 통일 신라의 최치원은 진성 여왕에게 정치 개혁안인 시무책 10여 조를 건의하였다.
③ 신라 하대에 장보고는 청해진이라는 해상무역 기지를 설치하여 동아시아의 해상 무역을 장악하였다.
④ 신라의 설총은 한자의 음과 훈을 빌려 우리말을 표기할 수 있는 표기법인 이두를 정리하였다.
⑤ 신라의 강수는 당나라에 붙잡힌 김인문의 석방을 요구하는 외교 문서인 「청방인문표」를 작성하였다.

9. 정답 ④

해품사의 출제 저격

발해는 대표 왕의 업적, 문화유산, 외교, 정치 등 다양한 키워드를 활용하여 출제할 수 있습니다. 최근 기출 경향을 고려했을 때 특정 왕의 업적 유형이 출제될 가능성은 높지 않으며, 최근 회차에서 발해의 문화유산을 다루는 문제가 이미 출제되었으므로, 이번 회차에서는 전반적인 사실을 묻는 유형이 출제될 가능성이 가장 높을 것이라고 예상합니다.

문제 키워드 추출

☑ 정혜 공주, 장문휴의 등주 공격, 인안, 대흥

문제에서 발해 문왕의 둘째 딸인 정혜 공주와 발해 무왕이 당나라를 공격한 사례인 장문휴의 등주 공격을 언급하였습니다. 또한 발해 무왕과 문왕의 연호인 인안과 대흥까지 제시하였으므로 (가) 국가는 발해임을 알 수 있습니다. 따라서 발해의 대표적인 특산물을 언급한 ㄴ 선지와 발해의 대표적인 행정 기구를 언급한 ㄹ 선지가 정답입니다!

선지 분석

ㄱ. 백제에서는 왕 아래 6좌평을 두었으며, 이들은 정사암 회의를 통해 **국정의 주요 사항을 논의**하였다.

ㄴ. 발해에서는 다양한 특산품이 생산되었는데, 대표적으로 **15부 중 하나인 솔빈부의 말**이 유명하였다.

ㄷ. 통일 신라 신문왕 때 중앙 군사 조직으로 **9서당 10정**을 운영하였다.

ㄹ. 발해에는 **책·문서 관리와 비문·묘지·외교 문서 작성** 등의 업무를 담당하는 기구로 **문적원**을 두었다.

10. 정답 ①

해품사의 출제 저격

최근 후삼국 시대에서 인물 유형을 출제할 경우, 각 인물이 세운 국가와 관련된 키워드 또는 국가 간 전투 사례의 출제 비중이 늘고 있습니다. 특히 공산 전투의 승리와 고창 전투의 패배 키워드는 견훤과 왕건을 출제할 때 자주 활용하는 대표적인 키워드입니다.

문제 키워드 추출

☑ 견훤, 후당과 오월

문제에서 후백제를 건국한 인물인 견훤과 후백제와 교류했던 후당과 오월을 언급하였으므로 (가) 국가는 후백제임을 알 수 있습니다. 따라서 공산 전투의 배경이 된 사건을 언급한 ①번 선지가 정답입니다!

선지 분석

① **후백제의 견훤**은 **신라의 경주** 내에 위치한 **포석정**을 습격하여 연회를 즐기던 **경애왕을 피살**시킨 뒤 **경순왕을 즉위**시켰다.

② **고려의 충목왕**은 불법 토지 등의 문제를 해결하기 위한 **폐정 개혁 기관인 정치도감**을 설치하였다.

③ **궁예**가 건국한 **후고구려**는 **마진**이라는 **국호**와 **무태**라는 **연호**를 사용하였으며, **수도를 철원으로 옮겼다.**

④ **궁예**는 최고 중앙 관서로 **광평성**이라는 기구를 설치하였다.

⑤ **고려 왕건**은 관리의 규범을 제시할 목적으로 『**정계**』 및 『**계백료서**』를 지었다.

11. 정답 ⑤

해품사의 출제 저격

고려 전기의 왕 업적 유형은 주로 왕건, 광종, 성종의 업적을 파악하는 단일 유형 또는 왕건~현종의 업적 흐름을 파악하는 유형으로 출제됩니다. 특히 한능검에서 광종을 출제할 경우 광덕, 준풍 등의 연호 키워드가 직접적으로 언급될 가능성이 높습니다.

문제 키워드 추출

☑ 준풍, 백관의 공복을 정함

문제에서 광종의 연호인 준풍과 광종이 관리들의 위계질서를 확립하기 위해 백관의 공복을 정한 사실 등이 나왔으므로 '이 왕'은 광종입니다. 따라서 광종 때 시행한 노비안검법 사례를 언급한 ⑤번 선지가 정답입니다!

선지 분석

① 고려 왕건은 봄에 곡식을 빌려주고 가을에 갚는 진휼 기관인 **흑창**을 설치하였다.

② 고려 성종 때 지방 행정 조직으로 12목을 설치하고 지방관을 파견하였다.

③ 고려 경종은 전시과 제도를 처음 시행하여 관리에게 수조권을 부여하는 **전지**와 땔감을 거둘 수 있는 **시지**를 지급하였다.

④ 고려 예종 때 관학 진흥을 위해 국자감 내에 장학 재단인 **양현고**와 전문 강좌인 **7재**를 마련하였다.

⑤ 고려의 광종은 **왕권 강화** 및 **호족의 경제적 기반 약화**와 국가의 재정 확보를 위한 목적으로 억울하게 노비가 된 자들을 양인으로 해방시키는 정책인 **노비안검법**을 시행하였다.

12. 정답 ⑤

해품사의 출제 저격

고려 중기의 정치적 변동 유형은 주로 흐름형 유형으로 출제할 가능성이 높습니다. 단, 묘청의 서경 천도 운동과 묘청의 난의 경우 관련된 핵심 키워드가 상당히 많기 때문에 사실형 유형으로 출제될 가능성도 염두에 둘 필요가 있습니다.

문제 키워드 추출

☑ 서경 천도와 금국 정벌을 주장, 연호 천개, 대위국, 조선 역사상 일천년래 제일 대사건

문제에서 언급된 서경 천도와 금국 정벌 주장, 묘청이 세운 국가의 연호 천개와 국호 대위국, 그리고 '조선 역사상 일천년래 제일 대사건'이라는 신채호의 평가를 통해 문제의 세 학생이 말하고 있는 사건은 묘청의 난임을 알 수 있습니다. 따라서 묘청의 난을 김부식 등이 진압한 사실을 언급한 ⑤번 선지가 정답입니다!

선지 분석

① 원 간섭기 때 **일본 원정**을 위한 일종의 사령부로서 **정동행성**을 설치하였다.

② 신라 하대에는 중앙 정부에 반발하여 **지방에서 호족들이 반독립적인 세력으로 성장**하였다.

③ 고려 성종 때 발생한 **거란의 제1차 침입** 당시 서희는 거란 장수 **소손녕과의 외교 담판**을 통해 **강동 6주**를 획득하였다.

④ **이성계**는 요동 정벌 당시 **4불가론**을 내세우며 **위화도 회군**을 단행하였고, 이후 **개경 내 최영의 군대에 승리**하며 정권을 장악하였다.

⑤ 고려 **인종** 때 발생한 **묘청의 난**은 **김부식** 등이 이끄는 관군에 의해 진압되었다.

13. 정답 ③

해품사의 출제 저격

무신 정권 유형의 경우 집권자별 주요 반란 사례와 업적의 구분이 중요합니다. 특히 각 반란과 관련된 대표 사료들이 있기 때문에 사료 원문을 한 번씩이라도 읽는 것을 권장합니다. 또한 직전 회차에서 망이·망소이의 난이 출제되었기 때문에, 이번 회차에서는 다른 반란 사례를 우선적으로 학습할 필요가 있다고 판단됩니다.

문제 키워드 추출

☑ 김보당, 만적

(가) 김보당의 난[고려 제19대 명종(이의방 정권), 1173]
(나) 만적의 난[고려 제20대 신종(최충헌 정권), 1198]

김보당은 이의방 정권 때 의종의 복위를 주장하며 반란을 주도한 인물이고, 만적은 최충헌 정권 때 노비들의 신분 해방을 주장하며 반란을 일으킨 인물입니다. 그러므로 이의방과 최충헌 사이에 집권한 정중부 정권 때의 반란 사례를 언급한 ③번 선지가 정답입니다!

선지 분석

① 신라 하대의 **진성 여왕** 때 중앙 집권의 약화 및 조세 수탈의 심화로 인해 **원종과 애노의 난** 및 **적고적의 난** 등의 민란이 발생하였다.(이전)

② **무신 정권** 때 고려의 **최우**는 자신의 집에 **인사 행정 기구**인 **정방**을 설치하여 **인사 행정권**을 장악하였다.(이후)

③ **무신 정권**인 **정중부 정권** 때 특수 행정 구역에 대한 **차별에 반발**하여 **망이·망소이**가 반란을 일으켰다.(1176)

④ **고려 인종** 때 **이자겸과 척준경**이 반란을 일으켜 일시적으로 권력을 장악하였다.(이전)

⑤ **고려 우왕** 때 **최영**은 명의 **철령위 설치에 반발**하여 **요동 정벌**을 추진하였다.(이후)

14. 정답 ⑤

해품사의 출제 저격

고려의 외세 방어 유형에서 **여진**을 출제할 경우, 별무반 또는 윤관을 키워드로 제시하거나, 윤관의 여진 정벌 과정을 묻는 흐름형 유형으로 출제할 수 있습니다. 특히 군대의 창설 시기(숙종)와 여진 정벌 시기(예종)를 혼동하지 않도록 주의할 필요가 있습니다.

문제 키워드 추출

☑ 윤관, 동북 9성

문제에서 언급된 동북 9성은 윤관이 별무반을 이끌고 여진을 정벌한 뒤 만들어진 성들입니다. 따라서 (가)는 여진이기 때문에 여진을 정벌하기 위해 창설한 군대인 별무반을 언급한 ⑤번 선지가 정답입니다!

선지 분석

① 고려 정종 때 **거란의 침입에 대비**하기 위해 농민을 동원한 예비 군사 조직인 **광군**을 편성하였다.

② 고려 우왕 때 **최무선**은 왜구 격퇴를 위한 화약 및 화포 개발을 목적으로 **화통도감**의 설치를 건의하였다.

③ **최우 정권** 때 **대몽 항쟁**을 장기적으로 지속하기 위해 **강화 천도**를 단행하였다.

④ 고려 고종 때 **몽골의 침입** 방어에 대한 염원을 담은 『**팔만대장경**』이 조판되었다.

⑤ **고려 숙종** 때 **여진의 침입에 대응**하기 위해 **신기군, 신보군, 항마군**으로 편성된 **별무반**을 창설하였다.

15. 정답 ①

해품사의 출제 저격

고려의 경제 상황 유형은 주로 10번대에서 출제됩니다. 특히 해당 번호대 문제에서 경제 상황을 언급하였을 경우, 빈출 정답 키워드 8가지만 암기하면 쉽게 풀이가 가능합니다.
(8가지 키워드: 건원중보, 해동통보, 활구, 예성강의 벽란도, 경지서, 관영 상점 운영, 전시과 - 전지 및 시지 지급)

문제 키워드 추출

☑ 해동통보

문제에서 고려 숙종 때 발행된 대표적인 화폐인 해동통보를 언급하였으므로, 고려 시대에 발행된 주요 화폐를 언급한 ①번 선지가 정답입니다!

선지 분석

① 대표적인 고려의 경제 상황으로는, **고려 숙종** 때 **화폐 주조**를 위해 **주전도감**을 설치한 뒤, **삼한통보, 해동통보, 활구(은병)** 등 다양한 **화폐를 발행**한 것을 들 수 있다.

② **조선 후기**에는 일본과 국교가 재개된 이후 설치된 **초량 왜관**을 통해 일본과 교류하였다.

③ **조선 후기**에는 **설점수세제** 시행으로 **민간 광산 개발**을 허용하였으며, 이로 인해 전문 경영인인

덕대가 등장하여 물주로부터 자본을 조달받아 광산을 전문적으로 경영하였다.
④ 조선 후기에는 개성 출신 상인인 **송상**이 전국 각지에 지점인 **송방**을 두고 상품을 유통하였다.
⑤ **신라 지증왕** 때 기존의 시장을 개편하여 동시를 개설한 뒤, 이를 감독하는 관청인 동시전을 설치하였다.

16. 정답 ⑤

해품사의 출제 저격

고려의 기록 유산 유형은 주로 10번대에서 출제되며, 각 기록 유산의 저자, 특징, 의의 관련 키워드를 구별하는 것이 중요합니다. 특히 『삼국사기』를 출제할 경우 왕명에 의해 편찬되었다는 내용이 함께 제시될 수 있으므로, 기록 유산에 관련된 맥락을 정확히 이해하는 것이 중요합니다.

문제 키워드 추출

☑ 본기·연표·지·열전, 왕명을 받들어 역사서 편찬을 주도함, 진삼국사표

『삼국사기』는 김부식이 인종의 명을 받아 편찬한 역사서이며, 『진삼국사표』는 김부식이 『삼국사기』를 편찬하면서 왕에게 올린 표문입니다. 또한 『삼국사기』는 본기·연표·지·열전 등으로 서술하는 기전체 형식을 취하고 있습니다. 따라서 『삼국사기』의 서술 방식을 언급한 ⑤번 선지가 정답입니다!

선지 분석

① 조선의 유득공이 저술한 『발해고』에서는 **통일 신라와 발해**를 아울러 호칭하는 **남북국**이라는 용어를 처음 사용하였다.
② 『조선왕조실록』은 **편년체** 형식으로 구성되었고, **사초 및 시정기**를 바탕으로 편찬되었다.
③ 일연의 『삼국유사』는 **고조선 건국 신화, 불교 전래, 민간 설화** 등을 수록하였다.
④ 이규보의 『동명왕편』은 **고구려를 계승**하는 고려인의 자부심을 강조하였다는 특징이 있는 서사시이다.

⑤ **김부식**의 『삼국사기』는 유교적 가치관에 따라 충신·효자 중심의 서술이 이루어졌으며, **본기, 열전** 등 인물을 중요도에 따라 나누어 기록하는 기전체 형식으로 구성되었다.

17. 정답 ④

해품사의 출제 저격

고려 시대에서 불상 유형을 출제할 경우, 대체로 선지에서 논산 관촉사 석조 미륵보살 입상, 안동 이천동 마애여래 입상, 파주 용미리 마애이불입상을 동시에 제시할 가능성이 높습니다. 특히 해당 불상들은 공통적으로 대형 불상이기 때문에 외관상 구별이 어려울 수 있으므로, 사진을 통해 각 문화유산의 특징을 눈에 익혀 두는 것이 중요합니다.

문제 키워드 추출

☑ 고려 시대 최대 규모의 불상, 은진 미륵

논산 관촉사 석조 미륵보살 입상은 고려 시대 최대 규모의 불상으로, '은진 미륵'이라는 별칭을 가지고 있기 때문에 ④번 선지가 정답입니다!

선지 분석

① 하남 하사창동 철조 석가여래 좌상
② 파주 용미리 마애이불입상
③ 안동 이천동 마애여래 입상
④ 논산 관촉사 석조 미륵보살 입상
⑤ 영주 부석사 소조 여래 좌상

18. 정답 ④

해품사의 출제 저격

고려 시대의 승려 유형은 대체로 의천 또는 지눌이 출제될 가능성이 높습니다. 특히 의천의 경우 높은 느낌을 줄 수 있는 단어[예) 교장, 국(國), 대(大), 왕(王) 등]가 포함된 키워드를 주로 제시합니다.

☑ 흥왕사, 대각국사, 문종의 넷째 아들, 국청사

흥왕사와 국청사는 의천과 관련된 대표 사찰이며, 시호는 대각국사입니다. 또한 의천은 문종의 넷째 아들로, 왕족 출신 승려입니다. 따라서 의천의 불교 경전 간행 사업 키워드가 언급된 ④번 선지가 정답입니다!

선지 분석

① 신라의 **의상**은 **당**에서 **화엄학을 공부**한 뒤 국내에 귀국하여 **화엄일승법계도**라는 그림 시를 지어 **화엄 사상을 정리**하였다.

② 고려의 **지눌**은 타락한 불교의 현실을 비판하며 불교 개혁 운동인 **수선사 결사 운동**을 주도하였다.

③ 고려의 **혜심**은 역대 선사들의 어록을 모은 불교 서적인 『**선문염송집**』을 편찬하고 **유교와 불교 사상의 뜻이 일치**한다는 이론인 **유불 일치설**을 주장하였다.

④ 고려의 **의천**은 국가적인 불교 경전 간행 사업을 통해 **불교 경전에 대한 주석서를 모아 교장을 편찬**하였다.

⑤ 고려의 **균여**는 불교의 교리를 전파하고자 따라 부르기 쉬운 **11수의 향가** 형식 찬가인 「**보현십원가**」를 지었다.

19. 정답 ①

해품사의 출제 저격

고려 성종의 경우 주로 화폐 주조 관련 키워드가 언급된다면, 조선 성종의 경우 여러 종류의 기록 유산 키워드가 주로 언급됩니다. 특히 세종 때 우리나라 실정에 맞게 정리한 다양한 기록 유산의 사례와 혼동하기 쉬우므로 주의할 필요가 있습니다.

문제 키워드 추출

☑ 악학궤범

『악학궤범』은 궁중 음악을 비롯하여 음악 이론, 악기, 관련 제도를 수록하고 있는 음악 서적으로 조선 성종 때 간행되었습니다. 따라서 문제에서 언급한 왕은 성종이며, 조선 성종 때 설치된 학술 연구 기관을 언급한 ①번 선지가 정답입니다!

선지 분석

① 조선 성종 때 **집현전의 역할을 계승**하는 동시에 **왕의 경연**과 **궁중 서적·문서 관리**를 담당하는 **홍문관**이 설치되었다.

② 조선 영조 때 조선의 역대 문물 제도를 정리한 백과사전인 『**동국문헌비고**』를 편찬하였다.

③ 조선 태종 때 기존에 감찰 역할을 담당하던 **낭사**를 **사간원으로 독립**시켜 언론 기구의 역할을 담당하게 하였다.

④ 조선 세종 때 정초, 변효문 등이 **우리나라 실정에 맞는 농법**을 정리한 『**농사직설**』을 편찬하였다.

⑤ 조선 세조 때 **현직 관리에게만 토지를 지급**하는 **직전법**을 실시하며 **수신전과 휼양전을 폐지**하였다.

20. 정답 ③

해품사의 출제 저격

조선 시대의 사화 유형은 주로 흐름형 유형으로 출제되며, 특히 기묘사화의 경우 조광조의 업적과 관련된 키워드를 간접적으로 언급할 수 있기 때문에 조광조의 주요 활동과 그 정치적 배경을 정확히 이해하여 접근할 필요가 있습니다.

문제 키워드 추출

☑ 현량과, 정국공신은 이미 10년이 지난 일이지만 허위가 많음

문제에 제시된 사건은 현량과 실시와 위훈 삭제(조선 제11대 왕 중종, 1519)입니다. 조광조는 인재 추천 제도인 현량과를 건의하고, 중종반정의 공신을 개정하는 위훈 삭제를 주장했습니다. 기묘사화의 배경이 되는 이러한 조광조의 개혁은 모두 중종 대에 일어난 사건입니다. 이 사건들은 흐름상 중종이 즉위하게 되는 사건인 중종반정(조선 제10대 왕, 연산군 폐위) 이후이자 양재역 벽서 사건(조선 제13대 왕 명종) 이전 시기에 일어났으므로 ③번 선지가 정답입니다!

21. 정답 ③

해품사의 출제 저격

임진왜란 유형은 특정 전투 사례나 의병장(또는 장수)에 대해 전반적으로 파악하는 사실형 유형 또는 대표 전투의 전개 순서를 파악하는 흐름형 유형으로 나누어 출제합니다. 특히 흐름형 유형으로 출제할 경우 대표 사건들의 앞글자를 따서 '부동탄선옥한진평행명노'로 암기하여 공략하는 것을 권장합니다.(부산포 - 동래 - 탄금대 - 선조 피난 - 옥포 - 한산도 - 진주 - 평양 - 행주 - 명량 - 노량)

문제 키워드 추출

☑ 행주 대첩, 충주 탄금대 전투, 명량 해전, 노량 해전

(가) 행주 대첩(1593. 2.): 임진왜란 때 권율이 행주 산성에서 왜군을 격퇴한 전투 사례
(나) 충주 탄금대 전투(1592. 4.): 임진왜란 때 신립이 이끄는 조선군과 왜군이 충주에서 벌인 전투 사례
(다) 명량 해전(1597. 9.): 정유재란 때 이순신이 이끄는 수군이 명량 해협(울돌목)에서 일본 수군을 크게 격파한 전투 사례
(라) 노량 해전(1598. 11.): 정유재란 때 이순신이 이끄는 수군이 노량 해협에서 왜군과 맞서 싸운 마지막 전투 사례

조선 제14대 왕 선조 대의 전쟁인 임진왜란·정유재란의 전투는 충주 탄금대 전투(나-1592. 4.) → 행주 대첩(가-1593. 2.) → 명량 해전(다-1597. 9.) → 노량 해전(라-1598. 11.) 순으로 발생하였습니다!

22. 정답 ⑤

해품사의 출제 저격

조선 시대의 궁궐 유형의 경우 주로 문제에서 부속 건물을 제시하고, 정답으로 관련 역사적 사실을 배치할 가능성이 높으나 가끔 반대로 출제할 수도 있습니다. 특히 경복궁의 경우 흥선 대원군 집권기의 역사적 사실 유형과 연계할 수 있습니다.

문제 키워드 추출

☑ 수도를 세울 때 맨 처음 지은 정궁, 전란에 의해 불탐, 이 궁궐을 다시 지어 중흥의 큰 업적을 이룸

경복궁은 태조 때 조선에서 최초로 건립된 궁궐로 임진왜란 때 불에 타 소실되었다가 이후 고종 대에 흥선 대원군이 집권하며 중건되었습니다. 따라서 (가) 궁궐은 경복궁이므로 경복궁 건청궁에서 발생한 을미사변을 언급한 ⑤번 선지가 정답입니다!

선지 분석

① 창경궁은 일제에 의해 동물원과 식물원이 설치된 장소이며 '동산'을 의미하는 창경원으로 격하되기도 하였다.
② 도성 내 위치에 따라 경희궁은 서궐, 창덕궁과 창경궁은 동궐로 불렸다.
③ 조선 정조 때 창덕궁 내부에 왕실 도서관인 규장각이 설치되었으며, 규장각은 젊은 관리를 새로 교육하는 초계문신제를 담당하였다.
④ 덕수궁 석조전에서 미국과 소련은 한국의 민주주의 임시 정부 수립을 논의하는 회의인 미소 공동 위원회를 개최하였다.
⑤ 경복궁 건청궁에서 일제가 보낸 자객이 조선의 명성 황후를 시해하는 을미사변이 발생하였다.

23. 정답 ②

해품사의 출제 저격

조선 시대의 환국 유형은 사실상 흐름형 유형으로 출제하기 때문에 각 환국의 발생 배경, 관련 인물, 결과 관련 키워드를 정확히 암기해야 수월하게 풀이할 수 있습니다. 특히 문제에서 각 환국과 관련된 인물 키워드가 언급될 가능성이 매우 높습니다.

문제 키워드 추출

☑ 허적, 왕비가 복위, 장씨의 왕후 지위를 거두고 옛 작호인 희빈을 내림, 송시열은 원자(元子)의 명호를 정한 것이 너무 이르다고 함

(가) 경신환국(조선 숙종, 1680): 허적의 기름장막 사건으로 남인 허적과 윤휴가 희생됨.
(나) 갑술환국(조선 숙종, 1694): 송시열이 복관되고 인현 왕후가 복위하며 장 희빈은 지위가 강등됨.
(다) 기사환국(조선 숙종, 1689): 서인 송시열이 희빈 장씨의 아들을 원자로 책봉한 것을 비판하여 유배 및 사사를 당했으며 서인은 권력을 잃고 남인이 권력을 잡게 됨.

조선 숙종 때 전개된 환국의 흐름은 **경신환국(가 – 1680) → 기사환국(다 – 1689) → 갑술환국(나 – 1694)** 순으로 발생하였습니다!

③ 고려 말 공양왕 때 **정도전, 조준** 등의 건의로 시행된 **과전법**은 조선 전기 **세조** 때까지 실시되었다.
④ 조선 후기에 중인은 **시사(詩社)를** 조직하여 문예 활동을 전개하였다.
⑤ 조선 후기에는 **설점수세제** 시행으로 **민간 광산 개발**을 허용하였으며, 이로 인해 전문 경영인인 **덕대가** 등장하여 물주로부터 자본을 조달받아 **광산을 전문적으로 경영**하였다.

24. 정답 ③

해품사의 출제 저격

조선 후기의 사회상 유형은 주로 조선 시대 후기의 경제 상황 또는 문화 사례를 파악하는 문제를 출제합니다. 특히 조선 전기의 사례(예 과전법 실시, 염포 및 제포 왜관에서 교류 등)를 빈출 오답으로 제시하므로 시기 구분에 주의할 필요가 있습니다.

문제 키워드 추출

☑ 연경과의 무역,『성호사설』

'연경과의 무역'에서 '연경'은 청나라의 수도(지금의 베이징)로서 청나라와 무역하던 조선 후기 사회상을 나타내고 있고, 『성호사설』은 조선 후기 실학자인 이익이 다양한 주제에 대해 기록하고, 제자들과의 문답을 정리한 책으로 역시 조선 후기를 나타내고 있습니다. 따라서 고려 말부터 조선 전기에 걸쳐 시행된 토지 제도인 과전법은 조선 후기와 시기적으로 맞지 않으므로 ③번 선지가 정답입니다!

선지 분석

① 조선 후기 사회에서는 **농법이 발달**하였고 담배, **면화, 인삼** 등 다양한 **상품 작물 재배**가 활발하게 이루어졌다.
② 조선 후기에는 **한글 소설**이 유행하였으며, 소설을 읽어 주는 직업 이야기꾼인 **전기수**가 활동하였다.

25. 정답 ④

해품사의 출제 저격

조선 후기의 사회상 유형은 주로 조선 시대 후기의 경제 상황 또는 문화 사례를 파악하는 문제를 출제합니다. 특히 정약용은 조선 후기의 대표적인 인물로 제시되기 때문에 관련 키워드를 알아 두어야 합니다. 또한 조선 전기의 사례(예 과전법 실시, 염포 및 제포 왜관에서 교류 등)를 빈출 오답으로 제시하므로 시기 구분에 주의할 필요가 있습니다.

문제 키워드 추출

☑ 북학의, 경세유표

(가) 박제가: 『북학의』를 통해 저축보다 소비를 강조함.
(나) 정약용: 『경세유표』를 통해 국가의 전반적인 제도 개혁을 논의함.

문제에서 박제가와 정약용의 대표 저서를 힌트로 제시하였으므로, 정약용이 홍역에 대한 의학 지식을 정리한 『마과회통』을 언급한 ④번 선지가 정답입니다!

선지 분석

① 홍대용은 『의산문답』을 통해 **지전설을 주장**하였고, **중국 중심의 천하관을 비판**하였다.
② 박지원은 「양반전」, 「허생전」, 「호질」 등을 저술하여 양반의 허례와 무능을 비판, 풍자하였다.
③ 박제가, 유득공 등은 모두 서얼 출신으로 정조 때 **규장각의 검서관으로 기용**되었다.

④ 정약용은 『마과회통』을 저술하여 홍역에 대한 지식을 정리하였다.
⑤ 중상학파의 대표 인물들인 박제가, 박지원, 홍대용 등은 모두 연행사의 일원으로 청나라에 파견되었다.

26. 정답 ②

해품사의 출제 저격

한능검에서 정조를 출제할 경우 가족, 기록 유산, 문화유산과 관련된 키워드를 다양하게 제시합니다. 특히 일부 키워드의 경우 실학파 인물(예 박제가, 정약용)과 연계할 수 있습니다.

문제 키워드 추출

☑ 초계문신제

문제에서 정조 때 젊은 관리를 재교육하기 위한 목적으로 시행한 정책인 초계문신제를 언급하였으므로, 정조 때 간행된 외교 문서집을 언급한 ②번 선지가 정답입니다!

선지 분석

① 조선 숙종 때 국왕 호위와 수도 방어를 목적으로 금위영을 창설하며 5군영 체제를 완성하였다.
② 조선 정조 때 대청 및 대일 외교 문서를 집대성한 외교 문서집인 『동문휘고』를 간행하였다.
③ 조선 영조 때 영조를 지지하는 노론이 권력을 차지하자 세력이 약화된 소론이 영조의 즉위를 반대하며 이인좌의 난을 일으켰다.
④ 조선 효종 때 청나라에 대한 복수를 하기 위해 북벌을 준비하였으나, 군사력 차이 등 현실적인 어려움으로 인해 청나라의 나선 정벌에 조총 부대를 파견하였다.
⑤ 조선 순조 때 각 궁방과 중앙 관서의 공노비 약 6만여 명을 해방하는 정책을 시행하였다.

27. 정답 ③

해품사의 출제 저격

조선 후기에 유입된 종교는 종종 근현대사의 역사적 사실과 연계하여 출제됩니다. 대표적으로 천주교의 경우 개항기의 포교 과정, 일제 강점기의 의민단(군사 조직) 등을 연계할 수 있으며, 동학의 경우 동학 농민 운동 또는 천도교와 관련된 사실을 연계할 수 있습니다.

문제 키워드 추출

☑ 황사영이 쓴 백서

문제에서 황사영이 백서를 쓴 일은 신유박해 직후 천주교 신자였던 황사영이 베이징에 주재하는 프랑스 선교사들에게 조선의 천주교 박해 상황을 알리는 서신을 보낸 사건으로, 이는 천주교와 관련된 대표적인 사건 키워드입니다. 따라서 개항기에 천주교가 국내에 포교되는 것이 허용되는 계기가 된 사건인 조불 수호 통상 조약을 언급한 ③번 선지가 정답입니다!

선지 분석

① 세도 정치기에는 미륵불이 세상을 구원한다고 예언하는 미륵 신앙이 유행하였다.
② 동학은 『동경대전』과 『용담유사』를 경전으로 활용하였다.
③ 개항기에 프랑스와 조불 수호 통상 조약을 체결한 결과 국내에서 천주교 포교가 허용되었다.
④ 박중빈은 원불교를 창시하고 근검·절약·금주·단연 등 전반적인 생활의 개선을 실천하는 새생활 운동을 추진하였다.
⑤ 동학은 절대자 또는 초월적인 존재인 한울님을 모시는 교리를 강조하였다.

28. 정답 ①

해품사의 출제 저격

조선 시대의 성리학자 유형은 대체로 각 인물의 대표 저서를 키워드로 제시할 가능성이 높습니다. 특히 이황과 이이의 키워드 중에 이름이 유사한 사례 (예) 『성학십도』와 『성학집요』, 예안 향약과 해주 향약)가 많기 때문에 주의하여 암기할 필요가 있습니다.

문제 키워드 추출

☑ 성학십도

『성학십도』는 이황이 성리학의 이론을 정리하여 그림(도식)과 함께 제시한 군주 교육용 책이므로, 이황이 기대승과 성리학의 해석을 두고 논쟁을 전개하였다는 사실을 언급한 ①번 선지가 정답입니다!

선지 분석

① 조선의 이황은 기대승과 사단과 칠정에 대한 성리학의 해석을 놓고 학문적인 논쟁을 전개하였다.
② 조선의 정제두는 명나라의 왕수인이 제창한 양명학을 연구한 대표적인 학자로, 강화도에서 양명학자들을 중심으로 강화학파를 형성하였다.
③ 조선의 송시열은 효종 때 명에 대한 의리를 내세우며 북벌론을 주장한 『기축봉사』를 올렸다.
④ 조선의 이이는 향촌을 교화하기 위한 자치 규약으로 해주 향약을 시행하였다.
⑤ 조선의 김장생은 가례의 문제점을 보완 및 수정하기 위해 『가례집람』이라는 예법서를 편찬하였다.

29. 정답 ④

해품사의 출제 저격

병인양요와 신미양요는 각각 병인박해, 제너럴셔먼호 사건을 계기로 발생하였기 때문에 짝꿍 키워드를 반드시 연계하여 암기할 필요가 있습니다. 특히 각 사건마다 외국에 항전한 인물 키워드가 자주 언급되고 있으니 병인양요와 신미양요에 관련된 인물을 꼭 외워 두어야 합니다.

문제 키워드 추출

☑ 해군 제독 로즈, 프랑스인 주교 2명과 선교사 9명을 희생시킨 사건

병인박해 때 프랑스인 주교 2명과 선교사 9명이 희생되었고, 이로 인해 로즈 제독이 이끄는 프랑스군이 강화도를 침략한 병인양요가 발생하였습니다. 따라서 병인양요 때 프랑스 군을 방어한 대표적인 인물을 언급한 ④번 선지가 정답입니다!

선지 분석

① 조선 철종 때 임술 농민 봉기가 발생하자 박규수가 안핵사로 파견되어 삼정의 문란을 해결하기 위해 삼정이정청의 설치를 건의하였다.
② 조선 순조 때 발생한 신유박해의 결과, 이승훈, 정약용, 정약전 등 많은 천주교 신자들이 처벌받았다.
③ 일본의 군함 운요호는 강화도와 영종도를 공격하여 인적·물적 피해를 주었으며, 이 사건은 조선과 일본이 강화도 조약을 체결하는 계기가 되었다.
④ 병인양요 때 양헌수는 정족산성, 한성근은 문수산성에서 프랑스 군의 침입을 방어하였다.
⑤ 독일 상인인 오페르트는 흥선 대원군 아버지의 묘인 남연군 묘를 도굴하려다 발각되어 실패하였다.

30. 정답 ⑤

해품사의 출제 저격

임오군란과 갑신정변은 공통적으로 청나라 군대의 개입으로 인해 실패하였는데, 한능검에서는 두 사건 이후 일본 또는 청나라와 조약을 체결하였다는 사실을 자주 연계하여 출제합니다. 그러므로 두 사건 이후 체결된 조약의 영향 관련 키워드를 정확히 구별할 필요가 있습니다.

문제 키워드 추출

☑ 청으로 끌려간 흥선 대원군, 개화 정책에 대한 불만과 구식 군인에 대한 차별 대우로 일어남

개화 정책에 대한 불만과 구식 군인에 대한 차별 대우가 원인이 된 사건은 임오군란이며, 흥선 대원군이 청나라 군대에 의해 톈진으로 납치된 사건 역시 임오군란과 관련이 있으므로 '이 사건'은 임오군란입니다. 따라서 임오군란의 결과로 청나라가 조선에 대한 간섭을 강화하기 위해 고문을 파견하였다는 사실을 언급한 ⑤번 선지가 정답입니다!

선지 분석

① 영선사는 1881년~1882년에 청에서 근대식 무기 제조 기술을 학습하고 돌아왔으며, 이후 기기창 설립에 영향을 주었다.
② 신미양요 당시 어재연은 로저스 제독이 이끄는 미군 부대를 광성보에서 방어하였다.
③ 제2차 갑오개혁 때 고종이 종묘에서 홍범 14조를 반포하며 개혁의 방향성을 제시하였다.
④ 1880년에 통리기무아문이 설치된 이후 1881년에는 기존의 5군영을 2영으로 개편하고 신식 군대인 별기군을 창설하였다.
⑤ 1882년에 청나라가 임오군란을 진압한 이후 조선에 재정 고문으로 마젠창을, 외교 고문으로 묄렌도르프를 파견하였다.

31. 정답 ⑤

해품사의 출제 저격

개항기 전기에 체결된 조약 유형은 기본적으로 대표적인 조약 사례들의 원문 또는 조항을 파악하는 것이 중요합니다. 특히 조미 수호 통상 조약과 조일 통상 장정은 공통적으로 최혜국 대우를 규정하고 있기 때문에, 다른 결정적인 키워드를 통해 두 조약을 구별할 필요가 있습니다.

문제 키워드 추출

☑ 제5관, 제37관

(가) 조미 수호 통상 조약 제5관: 조미 수호 통상 조약의 관세 규정 조항
(나) 조일 통상 장정 제37관: 조일 통상 장정의 방곡령 선포 허용 조항

문제에서 조미 수호 통상 조약과 조일 통상 장정의 대표 조항이 언급되었으므로, 두 조약에 공통적으로 포함된 조항을 언급한 ⑤번 선지가 정답입니다!

선지 분석

① 갑신정변의 결과 조선은 일본과 한성 조약을 체결하였으며, 일본과 청나라 사이에서는 톈진 조약이 체결되었다.
② 조일 통상 장정에는 조선이 일시적으로 쌀 수출을 금지하려고 할 때, 1개월 전에 지방관이 일본 영사관에 통지할 것을 규정한 방곡령 규정이 포함되었다.
③ 임오군란의 결과 조선은 일본에 배상금 지급과 일본 공사관 내 일본 군대 주둔을 허용하는 제물포 조약을 체결하였다.
④ 제1차 한일 협약 체결 결과 미국인 스티븐스가 외교 고문으로, 일본인 메가타가 재정 고문으로 국내에 파견되었다.
⑤ 조미 수호 통상 조약과 조일 통상 장정은 가장 유리한 대우를 받는 나라와 동등한 혜택을 상대국에도 적용하는 최혜국 대우를 공통적으로 포함하고 있다. 특히 조미 수호 통상 조약은 최혜국 대우를 최초로 규정하였다.

32. 정답 ④

해품사의 출제 저격

제1차 갑오개혁과 제2차 갑오개혁은 공통적으로 군국기무처와 김홍집을 핵심 키워드로 제시하는 경우가 많습니다. 단, 군국기무처 설치(제1차 갑오개혁)와 군국기무처 폐지(제2차 갑오개혁) 또는 김홍집 내각(제1차 갑오개혁)과 김홍집·박영효 연립 내각(제2차 갑오개혁) 등 세부 내용에서 차이가 있기 때문에 정확히 구분하여 접근해야 합니다.

문제 키워드 추출

☑ 군국기무처, 총재 김홍집

군국기무처는 제1차 갑오개혁 당시 개혁 사항을 논의하던 기구이고, 총재 김홍집은 제1차 갑오개혁을 주도한 핵심 인물입니다. 따라서 제1차 갑오개혁 이후 채택된 연호를 언급한 ④번 선지가 정답입니다!

선지 분석

① 을미개혁 때 태양력이 공식 채택되고 건양이라는 독자적 연호가 제정되었다.
② 대한 제국은 근대적인 토지 제도 확립을 위해 지계아문을 설치하고 토지 증명 문서인 지계를 발급하였다.
③ 제2차 갑오개혁 때 조선의 지방 행정 구역을 기존의 8도에서 23부로 개편하였다.
④ 제1차 갑오개혁 시행 이후에는 청의 연호를 쓰지 않고 개국기년이라는 새로운 연호를 제정하였다.
⑤ 제2차 갑오개혁 때 근대식 사범 학교에 대한 관제인 교육 입국 조서를 반포하고 한성 사범 학교가 설립되었다.

33. 정답 ⑤

해품사의 출제 저격

을미사변~아관 파천의 흐름형 유형의 경우 출제할 수 있는 사건의 흐름이 비교적 단순하고, 자주 출제되는 키워드가 명확하기 때문에 비교적 쉽게 공략할 수 있는 유형입니다. 단, 을미사변 직후 을미개혁(단발령 시행)이 진행되었다는 점을 각별히 주의해야 합니다.

문제 키워드 추출

☑ 러시아 공사관으로 옮김, 짐이 신민(臣民)에 앞서 머리카락을 자름, 일본 병사들이 건청궁으로 침입, 왕후를 시해함

(가) 아관 파천(개항기, 1896. 2.): 고종은 을미사변 이후 신변의 위협을 느끼고 러시아 공사관으로 피신함.
(나) 단발령(개항기, 1895. 11.): 을미개혁(1895. 8.~1896. 2.)의 일환으로 시행되었으며, 고종이 신민보다 먼저 머리를 자른다는 상징적 행위를 통해 강력한 개혁 의지를 표현함.
(다) 을미사변(개항기, 1895. 8.): 일본이 자객을 보내 경복궁 건청궁에 침입한 뒤 명성황후를 시해함.

을미사변~아관 파천의 흐름은 을미사변(다 – 1895. 8.) → 단발령(나 – 1895. 11.) → 아관 파천(가 – 1896. 2.) 순으로 발생하였다.

34. 정답 ②

해품사의 출제 저격

독립 협회는 대한 제국 시기 활동한 대표적인 사회 정치 단체로서, 국가의 자주를 위한 다양한 활동과 함께 입헌 군주제를 지향하였다는 점에 주목할 필요가 있습니다. 공화정을 지향한 신민회와 혼동하기 쉬우므로 구분하여 암기해야 합니다.

문제 키워드 추출

☑ "나라의 체제를 공화 정치 체제로 바꾸려 한다." 라고 꾸며서 폐하께 모함하고자 한 것

문제에서 제시된 사료는 입헌 군주제를 지향했던 독립 협회가 공화정을 지향한다는 모함을 받아 해산당한 상황을 나타내고 있습니다. 따라서 독립 협회가 자주를 표방하며 주도한 활동 사례를 언급한 ②번 선지가 정답입니다!

선지 분석

① 대한 자강회는 고종의 강제 퇴위를 반대하는 운동을 전개하였다.

②독립 협회는 자주 의식 고취와 청나라에 대한 사대 청산을 목적으로 기존의 영은문을 헐고 그 자리에 독립문을 건립하였다.

③ 대한민국 임시 정부는 대미 외교를 수행하기 위해 워싱턴에 구미 위원부를 설치하였다.

④ 대한민국 임시 정부는 독립운동 자금 마련을 위한 독립 공채를 발행하였다.

⑤ 「여권통문」은 평등한 교육권·정치 참여권·경제 활동 등을 명시한 우리나라 최초의 여성 인권 선언문으로, 『황성신문』에 처음으로 게재되었다.

문제에서 제시된 조항 포츠머스 조약(1905. 9.)에 해당하며, 이 조약에서 러시아는 조선에 대한 일본의 지배를 묵인하고 불간섭을 약속했습니다. 이는 을사늑약 체결로 이어졌고, 이에 반발하여 을사의병이 일어나게 됩니다. 따라서 을사늑약에 반대하여 의병을 일으킨 사례를 다룬 ①번 선지가 정답입니다!

선지 분석

①구한말 일제의 침략 과정에서 최익현은 을사늑약 체결에 반대하며 전북 태인에서 을사의병을 주도하였다.(이후)

② 제1차 한일 협약(1904. 8.) 체결 결과 국내 외교 고문으로 미국인 스티븐스, 재정 고문으로 일본인 메가타가 파견되었다.(이전)

③ 영국은 1885년에 러시아의 남하 정책을 견제하기 위해 거문도를 약 2년 동안 불법으로 점령하였다.(이전)

④ 제2차 동학 농민 운동(1894) 당시 동학 농민군은 공주 지역의 우금치에서 관군과 일본군에 패배하였다.(이전)

⑤ 러일 전쟁 때 일본의 시정 개선 충고를 수용하고, 일본의 주요 군사적 요충지 확보를 인정하는 한일 의정서(1904)를 체결하였다.(이전)

35. 정답 ①

해품사의 출제 저격

포츠머스 조약은 구한말 일제의 침략 과정에서 중요한 사건인 러일 전쟁을 출제할 때 자주 활용되는 대표적인 키워드입니다. 특히 이 조약 체결 이후의 사건 흐름인 을사늑약 → 을사의병 → 헤이그 특사 파견을 연계하는 문제가 자주 출제됩니다.

문제 키워드 추출

☑ 러시아는 일본이 조선의 내정을 지도·보호 및 감리(監理)하는 데 필요하다고 여기는 어떠한 조치도 방해하거나 간섭하지 않을 것을 약속

36. 정답 ②

해품사의 출제 저격

한능검에서 애국 계몽 운동 단체 유형으로 신민회를 출제할 경우 대표 인물, 활동 사례 등을 중심으로 공략할 필요가 있습니다. 특히 신민회의 인물들이 세운 학교와 관련된 키워드가 자주 언급되므로 반드시 암기해야 합니다.

문제 키워드 추출

☑ 태극 서관, 대성 학교와 오산 학교

태극 서관은 신민회가 계몽 서적의 출판 및 보급을 목적으로 설립한 서점이며 대성 학교와 오산 학교는 신민회의 간부인 안창호와 이승훈이 설립한 민족 학

교입니다. 따라서 신민회의 해체 원인과 활동 사례를 언급한 ㄱ 선지와 ㄷ 선지가 정답입니다!

선지 분석

ㄱ 신민회는 일제가 조작한 데라우치 총독 암살 혐의로 주요 간부들이 대거 체포당하는 105인 사건으로 인해 와해되었다.

ㄴ. 독립 협회는 관민 공동회에서 6개 항의 국정 개혁안을 건의하였는데, 대표적으로 의회식 정치를 추구하는 중추원 관제를 추진할 것을 주장하였다.

ㄷ 신민회는 안창호, 양기탁, 이승훈 등이 비밀 결사로 조직한 애국 계몽 단체이다.

ㄹ. 배재 학당은 1885년에 미국인 선교사 아펜젤러가 서울 중구 정동에 세운 한국 최초의 근대식 중등 교육 기관이다.

37. 정답 ①

해품사의 출제 저격

한능검에서 무단 통치기의 일제 강점기 정책 및 사회상 유형을 출제할 경우 주로 공포 분위기 조성과 관련된 사례들이 키워드로 언급됩니다. 특히 경제 침탈 사례로는 토지 조사 사업과 회사령이 자주 출제되므로 반드시 숙지해야 합니다.

문제 키워드 추출

☑ 즉결은 정식 재판을 하지 않음, 태형

정식 재판 없이 바로 처벌하는 범죄 즉결례와 조선인에게만 적용된 형벌인 태형이 집행된 시기는 무단 통치기입니다. 따라서 무단 통치기 일제의 경제 침탈 사례를 언급한 ①번 선지가 정답입니다!

선지 분석

① 무단 통치기에는 회사를 설립할 때 조선 총독의 허가를 받도록 하는 회사령이 제정되었다.

② 민족 말살 통치기에는 일제가 전시 체제에 대비하여 조선인에 대한 물적·인적 수탈을 강화하기 위해 국가 총동원법을 제정하였다.

③ 이른바 문화 통치기에 일제는 민립 대학 설립 운동을 탄압하기 위해 경성 제국 대학을 설립하였다.

④ 이른바 문화 통치기에 일제는 자국의 식량 문제 해결을 위해 조선을 식량 및 원료 공급지로 만들고자 산미 증식 계획을 실시하였다.

⑤ 동양 척식 주식회사는 일제가 국내의 자본 및 토지를 침탈할 목적으로 1908년에 설립한 기관으로, 일제 강점기 이전에 만들어졌다.

38. 정답 ②

해품사의 출제 저격

일제 강점기의 항일 운동 유형은 각 운동의 배경, 전개, 영향을 중심으로 여러 사례를 구별하는 것이 중요합니다. 특히 3·1 운동의 경우 다른 항일 운동보다 관련 키워드가 매우 많기 때문에 더욱 주의깊게 공략할 필요가 있습니다.

문제 키워드 추출

☑ 윌슨 대통령이 주장한 약소민족의 자결권이 실현, 고종에게 조의를 표함, 스코필드

윌슨 대통령의 민족 자결주의 선언은 3·1 운동의 사상적 배경이 되었고, 고종의 인산일은 3·1 운동의 직접적 계기가 되었습니다. 또한 스코필드는 3·1 운동에 대한 보복으로 일어난 제암리 학살 사건을 국외에 보도한 영국인 선교사입니다. 따라서 3·1 운동의 직접적 영향과 관련된 사실을 언급한 ②번 선지가 정답입니다!

선지 분석

① 3·1 운동은 조선 총독부의 방해와 탄압으로 중단되었다.

② 3·1 운동의 결과 조직적인 독립운동의 필요성이 대두되며 상하이에 대한민국 임시 정부가 수립되었다.

③ 신간회는 6·10 만세 운동을 계기로 발표된 정우회 선언을 바탕으로 비타협적 민족주의 계열과 사회주의 계열이 연합하여 결성된 단체이다.

④ 『대한매일신보』는 서상돈, 김광제 등의 발의로 시작된 국채 보상 운동을 지원하였다.

⑤ 광주 학생 항일 운동은 항일 학생 운동 단체인 성진회와 각 학교 독서회에 의해 전국적인 항일 운동으로 확산되었다.

39. 정답 ⑤

해품사의 출제 저격

일제 강점기의 국외 독립운동 유형은 기구, 관련 역사적 사건, 대표적인 활동 사례를 중심으로 공략할 필요가 있습니다. 특히 미주 지역의 국외 독립운동 사례는 다른 지역에 비해 키워드가 길고 복합적인 내용이 많기 때문에 더욱 주의해야 합니다.

문제 키워드 추출

☑ 장인환, 전명운 의거지

장인환과 전명운은 미국 샌프란시코에서 친일 미국인 스티븐스를 저격한 인물입니다. 따라서 (가)는 미주 지역이므로 한인 비행사 양성을 위해 미주 지역에 설립한 비행 학교가 언급된 ⑤번 선지가 정답입니다!

선지 분석

① 최재형은 연해주 지역의 신한촌에서 항일 독립운동 단체인 권업회를 조직하고 『권업신문』을 발행하였다.

② 서간도 지역에는 이상룡 등의 신민회 인사들이 독립운동 단체이자 한인 자치 기구인 경학사를 설립하였다.

③ 북간도 지역에서 이상설은 서전서숙, 김약연은 명동 학교를 설립하여 민족 교육을 실시하였다.

④ 도쿄 지역의 청년 유학생들은 2·8 독립 선언서를 발표하였고, 이는 3·1 운동의 사상적 배경이 되었다.

⑤ 미주 지역의 국외 독립운동으로는 대한민국 임시 정부와 대한인 국민회가 협력하여 독립군 비행사 양성을 위해 윌로우스 비행 학교를 설립한 사실을 들 수 있다.

40. 정답 ②

해품사의 출제 저격

대한민국 임시 정부 유형은 크게 사실형 유형과 흐름형 유형으로 나누어 출제할 수 있으며, 특히 흐름형 유형으로 출제할 경우 국민 대표 회의(1923), 「대일 선전 성명서」 발표(1941) 등 연도별 주요 사건이 자주 등장하므로 연도 암기가 매우 효과적입니다.

문제 키워드 추출

☑ 독립운동의 새로운 활로와 방향을 모색하기 위해 상하이에서 개최

문제에 제시된 사건은 1923년 상하이에서 열린 국민 대표 회의로, 이는 대한민국 임시 정부의 독립운동 노선과 방향을 논의하기 위해 개최된 회의입니다. 하지만 내부 노선 갈등으로 회의는 결렬되었고, 이후 이상룡이 국무령으로 취임하며 시국을 수습하게 됩니다. 따라서 국민 대표 회의는 임시 정부 수립(1919)과 이상룡 국무령 취임(1925) 사이에 발생한 사건으로, 흐름상 ②번 선지가 정답입니다!

41. 정답 ④

해품사의 출제 저격

의열단 유형은 단장인 김원봉을 핵심 키워드로 제시하거나, 대표 인물의 활동 사례를 힌트로 제시할 가능성이 높습니다. 다른 단체의 인물들과 혼동하지 않도록 각별히 주의해야 합니다.

문제 키워드 추출

☑ 박재혁, 김원봉

박재혁은 의열단의 단원으로, 부산 경찰서에 폭탄을 투척한 인물이고, 김원봉은 의열단의 단장입니다. 따라서 (가)는 의열단이므로 다른 의열단원의 활동 사례를 언급한 ④번 선지가 정답입니다!

① 북간도 지역에서 대종교 계열을 중심으로 무장 투쟁을 위한 군사 조직인 중광단이 결성되었다.

② 조선어 학회는 일제 강점기의 대표적인 한글 수호 단체로서, 국어 문법을 정리한 「한글 맞춤법 통일안」과 「표준어 사정안」을 제정하였다.

③ 충칭 시기의 대한민국 임시 정부에서 활동한 조소앙은 1941년에 정치·경제·교육 세 가지의 균형(삼균주의)을 바탕으로 해방 이후의 건국 계획을 발표하였다.

④ 의열단의 단원인 김상옥은 종로 경찰서에 폭탄을 투척하는 의거를 단행하였다.

⑤ 한인 애국단의 단원인 이봉창은 도쿄에서 일왕이 탄 마차에 폭탄을 투척하는 의거를 단행하였다.

③ 청의 침입으로 병자호란이 발생하자 인조는 경기도의 남한산성으로 피신하여 항전하였다.

④ 고려 공민왕 때 홍건적의 침입이 두 차례 발생하였으며, 두 번째 침입 당시 공민왕과 노국 대장 공주가 복주(지금의 안동)로 피란하였다.

⑤ 강주룡은 1931년에 평원 고무 공장의 임금 삭감 반대와 노동 환경 개선을 요구하며 평양의 을밀대에서 고공 농성을 주도하였다.

42. 정답 ①

해품사의 출제 저격

지역사 유형은 다양한 지역의 문화유산과 역사적 사실을 폭넓게 암기해야 하기 때문에 난도가 상당히 높은 편입니다. 즉 문화유산의 경우 지역과 관련된 성(城), 유적지, 특정 지역에서 발생한 사건, 운동, 전투 등을 암기할 필요가 있습니다. 제74회 대비를 위해 부산 지역사와 관련된 키워드를 암기해 둘 것을 권장합니다.

문제 키워드 추출
☑ 동삼동 패총, 정발, 임시 수도 기념관

동삼동 패총은 부산 지역 내 대표적인 신석기 시대 유적이며 정발은 임진왜란 발발 직후 부산 지역에서 왜군에 맞서 항전한 대표적인 인물입니다. 또한 임시 수도 기념관은 6·25 전쟁 당시 임시 수도였던 부산에 위치하고 있습니다. 따라서 부산을 중심으로 활동한 상인인 내상을 언급한 ①번 선지가 정답입니다!

선지 분석
① 내상은 부산 지역을 중심으로 대일 무역을 전개한 대표적인 상인들이다.

② 미국과 소련은 서울의 덕수궁 석조전에서 대한민국 임시 정부 수립 문제를 논의하기 위해 회의를 개최하였다.

43. 정답 ②

해품사의 출제 저격

한능검에서 민족 말살 통치기의 일제 강점기 정책 및 사회상 유형을 출제할 경우 주로 전쟁, 세뇌, 노역과 관련된 키워드가 언급됩니다. 특히 중일 전쟁 및 태평양 전쟁과 같은 키워드를 언급할 가능성이 높습니다.

문제 키워드 추출
☑ 중일 전쟁

중일 전쟁은 민족 말살 통치기에 해당하는 대표적인 전쟁 사례입니다. 따라서 전시 체제에서 조선인들을 통제하기 위해 시행한 애국반이 언급된 ②번 선지가 정답입니다!

선지 분석
① 무단 통치기에 시행된 제1차 조선 교육령은 보통학교의 수업 연한을 4년으로 정하였다.

② 민족 말살 통치기에는 일제가 전시 체제하에 조선인들을 통제하기 위해 애국반을 운영하였다.

③ 무단 통치기에는 헌병 경찰제가 시행되었으며, 일제가 조선인에게만 적용되는 조선 태형령을 시행하였다.

④ 일제는 식민 지배에 반대하거나 사유 재산 제도를 부인하는 사회주의자들을 탄압할 목적으로 1925년에 치안 유지법을 제정하였다.

⑤ 무단 통치기에는 일제가 근대적 토지 소유 관계를 정리한다는 명분으로 경제 침탈 사업인 토지 조사 사업을 실시하였다.

44. 정답 ④

해품사의 출제 저격

한국광복군과 한국 독립군은 이름도 유사하고, 특히 두 단체 모두 지청천이 총사령관을 역임한 적이 있어 혼동하기 쉽습니다. 문제에 한국광복군의 빈출 키워드인 충칭 시기의 대한민국 임시 정부 산하 부대라는 키워드가 언급되었는지 파악하는 것을 권장합니다.

문제 키워드 추출

☑ 대한민국 임시 정부 산하, 충칭

충칭 시기의 대한민국 임시 정부 산하 부대로 편성된 것은 한국광복군입니다. 따라서 한국광복군이 연합군과 연합 작전을 전개하였다는 사실을 언급한 ④번 선지가 정답입니다!

선지 분석

① 조선 혁명군은 남만주 지역의 조선 혁명당 산하 조직으로, 중국 의용군과 연합하여 영릉가 전투, 흥경성 전투에서 승리를 거두었다.
② 서일이 이끌던 대한 독립 군단은 연해주에서 러시아군과 충돌하며 많은 독립군이 희생당한 자유시 참변을 겪었다.
③ 한국 독립군은 북만주 지역의 한국 독립당 산하 조직으로 중국 호로군과 연합하여 쌍성보, 대전자령 전투에서 승리를 거두었다.
④ 한국광복군은 제2차 세계대전 당시 연합군과 함께 대일 항전을 전개하였으며, 영국군의 요청으로 일부 부대가 인도·미얀마 전선에 파견되어 연합 작전에 참여하였다.
⑤ 조선 의용대는 중국 국민당의 지원을 받아 중국 관내(關內)에서 결성된 최초의 한인 무장 부대이다.

45. 정답 ⑤

해품사의 출제 저격

박은식은 주로 근현대사와 관련된 역사서를 저술하였다는 점이 특징입니다. 주로 전근대사 중심의 역사서를 저술한 신채호와 혼동하지 않도록 주의할 필요가 있습니다.

문제 키워드 추출

☑ 한국독립운동지혈사

『한국독립운동지혈사』는 박은식이 갑신정변부터 3·1 운동 직후까지의 역사를 정리한 학술서입니다. 따라서 박은식이 유교 개혁을 주장한 사례를 언급한 ⑤번 선지가 정답입니다!

선지 분석

① 의열단은 무장 투쟁의 이론적 기반을 제시한 신채호의 「조선 혁명 선언」을 활동 지침으로 삼았다.
② 이병도와 손진태는 실증주의 사학을 기반으로 한 진단 학회를 조직하고 『진단 학보』를 발간하였다.
③ 정인보와 안재홍 등은 정약용의 저술을 모아 『여유당전서』를 간행하고 민족의 얼을 강조하는 조선학 운동을 주도하였다.
④ 고종은 을사늑약의 체결에 반발하여 1907년에 이준, 이위종, 이상설을 네덜란드 헤이그에서 열린 만국 평화 회의에 특사로 파견하였다.
⑤ 박은식은 유교의 개량 및 혁신을 통한 실천적인 유교 정신을 강조한 유교구신론을 주장하였다.

46. 정답 ③

해품사의 출제 저격

6·25 전쟁을 사실형 유형으로 출제할 경우, 6·25 전쟁 이전 사건인 애치슨 선언 발표와 6·25 전쟁 휴전 협정 이후 사건인 한미 상호 방위 조약 체결을 빈출 오답으로 제시한 경우가 많으므로 주의할 필요가 있습니다.

문제 키워드 추출

☑ 흥남 철수

흥남 철수 작전은 6·25 전쟁 중 중공군의 개입 이후 함경남도 흥남에서 전개된 대규모 철수 작전입니다. 이와 달리 한미 상호 방위 조약은 6·25 전쟁 휴전 직후 미국과 체결한 조약으로, 전쟁 중 사건이 아닙니다. 따라서 전쟁과 직접적인 관련이 없는 ③번 선지가 정답입니다!

선지 분석

① 6·25 전쟁 때 부산이 임시 수도로 정해졌다.

② 6·25 전쟁 때 국민 방위군의 장교들이 국고금 (국가 소유 헌금) 및 군수 물자를 부정 처분하는 일종의 횡령 사건을 일으켰다.

③ 이승만 정부 때 6·25 전쟁 휴전 이후 안보를 강화하기 위해 미군이 한국에 지속적으로 주둔하도록 규정하는 한미 상호 방위 조약을 체결하였다.

④ 6·25 전쟁 때 유엔군 사령관 맥아더의 지휘 아래 인천 상륙 작전이 전개된 결과 국군과 유엔군은 서울을 수복하였다.

⑤ 6·25 전쟁 중 이승만 정부는 이승만 대통령의 재선을 위해 부산에 비상 계엄을 선포하고 기립 표결로 발췌 개헌안을 통과시켰다.

47. 정답 ①

해품사의 출제 저격

박정희 정부 유형은 크게 정치, 경제, 민주화 운동, 외교로 나누어 접근할 필요가 있습니다. 특히 박정희 정부는 경제 업적과 관련된 키워드가 상당히 많기 때문에, 이를 중심으로 공략하는 것을 권장합니다.

문제 키워드 추출

☑ 새마을 운동

새마을 운동은 박정희 정부 시기 농촌의 경제·생활 환경을 개선하고 도시와 농촌 간의 빈부 격차를 해소하기 위해 추진된 정책입니다. 따라서 박정희 정부의 경제적 성과를 언급한 ①번 선지가 정답입니다!

선지 분석

① 박정희 정부 때인 1977년에 처음으로 수출액 100억 달러를 달성하는 경제적 성과를 이루어 냈다.

② 이승만 정부 때 제분(밀가루)·제당(설탕)·면직물 등 미국에게 받은 원조 물자를 가공하는 삼백 산업이 발달하였다.

③ 전두환 정부는 1986년부터 저금리·저유가·저달러의 3저 호황으로 경제적 호재를 누렸다.

④ 개성 공단은 김대중 정부 때 설치가 합의되고 건설이 착수되었으며, 노무현 정부 때 부지 조성이 완료되며 본격적으로 가동되었다.

⑤ 김대중 정부 때 빈곤층을 대상으로 교육, 생계, 의료 등 기초 생활을 영위할 수 있도록 보장하는 복지 제도인 국민 기초 생활 보장법을 제정하였다.

48. 정답 ⑤

해품사의 출제 저격

한능검에서 김영삼 정부를 출제할 경우, 대표적인 키워드로는 경제 협력 개발 기구(OECD) 가입, 국제 통화 기금(IMF) 외환 위기 발생, 금융 실명제 실시 등이 있습니다. 특히 김영삼 정부 관련 키워드는 영어가 포함될 가능성이 높습니다.

문제 키워드 추출

☑ 금융실명거래

금융실명거래(금융 실명제)는 김영삼 정부 때 시행한 정책으로 금융 거래 시 반드시 실명을 사용하도록 한 제도입니다. 따라서 김영삼 정부의 정책 중 하나인 역사 바로 세우기 운동을 언급한 ⑤번 선지가 정답입니다!

선지 분석

① 박정희 정부 때 서울과 부산을 연결하는 경부 고속 도로를 개통하여 교통 환경을 개선하였다.

② 전두환 정부 때 유화 정책의 일환으로 대한민국 정부 출범 이후부터 지속된 야간 통행 금지를 해제하였다.

③ 노태우 정부 때 국제 대회인 서울 올림픽이 1988년에 개최되었다.

④ 노무현 정부 때 양성 평등 실현을 위해 기존의 호주제를 폐지하고, 가족 관계 등록 제도를 도입하였다.

⑤ 김영삼 정부 때 역사 바로 세우기 운동의 일환으로 국민학교라는 명칭을 초등학교로 변경하였으며, 옛 조선 총독부 건물을 철거하였다.

49. 정답 ④

현대의 민주화 운동 유형은 각 민주화 운동이 발생한 시기의 정부, 배경, 전개 과정, 영향 등을 명확히 구별하는 것이 중요합니다. 특히 6월 민주 항쟁의 경우 다른 민주화 운동에 비해 인물 키워드로 대표적인 열사들이 언급될 가능성이 높습니다.

문제 키워드 추출

☑ 박종철, 호헌 철폐·독재 타도

박종철 열사는 6월 민주 항쟁의 도화선이 된 고문치사 사건의 희생자로, 6월 민주 항쟁 당시 시민들은 호헌 철폐와 독재 타도를 요구했습니다. 따라서 6월 민주 항쟁의 결과를 언급한 ④번 선지가 정답입니다!

선지 분석

① 이승만 정부 때 발생한 4·19 혁명의 결과 이승만 대통령이 하야하였고, 허정 과도 정부에서 발표한 제3차 개헌을 통해 의원 내각제가 도입되었으며, 장면을 국무총리로 하는 장면 내각이 출범하였다.
② 부·마 민주 항쟁은 유신 체제의 여러 문제에 대한 불만이 폭발한 민주화 운동으로 박정희 정권의 붕괴를 촉발한 직접적인 사건이다.
③ 박정희 정부 때 굴욕적인 한·일 국교 정상화에 반대하는 6·3 시위가 전개되었다.
④ 6월 민주 항쟁의 결과 노태우는 6·29 선언을 통해 대통령 직선제 개헌을 약속하였고, 제9차 개헌이 이루어졌다.
⑤ 5·18 광주 민주화 운동은 전두환을 주축으로 하는 신군부의 비상계엄 확대와 무력 진압에 저항한 민주화 운동이다.

50. 정답 ①

노태우 정부의 통일 노력은 민족 자존과 통일 번영을 위한 7·7 선언 이후에 본격화되었습니다. 특히 노태우 정부의 통일 노력 사례 관련 키워드를 쉽게 암기하기 위해 'UN은 기본적으로 비핵화를 지지한다(UN 동시 가입-남북 기본 합의서-한반도 비핵화 공동 선언)'와 같이 암기하는 방법을 추천합니다.

문제 키워드 추출

☑ 서울 올림픽, 남북한이 다른 의석으로 유엔에 가입

서울 올림픽은 노태우 정부 때 개최된 대표적인 국제 대회이며, 남북한이 다른 의석으로 유엔에 가입한 것도 노태우 정부 때의 일입니다. 이처럼 문제에서 노태우 정부와 관련된 외교 사례를 제시하고 있으므로, 노태우 정부 때 통일 교류와 사회주의 국가와의 수교를 표방한 사례인 ①번 선지가 정답입니다!

선지 분석

① 노태우 정부 때 민족 자존과 통일 번영을 위한 7·7 선언을 발표하며 사회주의 국가와의 수교 및 통일 교류 모색을 표방하였다.
② 김대중 정부 때 최초의 남북 정상 회담 개최 이후 6·15 남북 공동 선언을 채택하였다.
③ 전두환 정부 때 남북 교류 사업의 일환으로 남북 이산가족 고향 방문단과 예술 공연단을 최초로 상호 교환하였다.
④ 박정희 정부 때 7·4 남북 공동 성명을 발표하고 남북 관계의 개선 및 발전을 위해 남북 조절 위원회를 설치하였다.
⑤ 노무현 정부는 제2차 남북 정상 회담에서 남북 관계 발전과 평화 번영을 위한 10·4 남북 정상 선언에 서명하였다.

시대에듀#은 시대에듀의 퀄리티 끌어올림# 브랜드입니다.

[2025 제74회 대비] 기분좋은 한국사능력검정시험[심화(1·2·3급)]
#해품사 예상문제 저격특강
(50문항 적중 키워드 + 저격 모의고사)

초 판 인 쇄	2025년 03월 27일
초 판 발 행	2025년 04월 07일
발 행 인	박영일
출 판 책 임	이해욱
저 자	해품사
개 발 편 집	김기임 · 김선아 · 신지호 · 심재은
표 지 디 자 인	장미례
본 문 디 자 인	하한우
마 케 팅	박호진
발 행 처	㈜시대고시기획시대교육
출 판 등 록	제 10-1521호
주 소	서울시 마포구 큰우물로 75[도화동 성지빌딩]
전 화	1600-3600
홈 페 이 지	www.sdedu.co.kr

한국사능력검정시험 답안지

답 란

1	① ② ③ ④ ⑤	11	① ② ③ ④ ⑤	21	① ② ③ ④ ⑤	31	① ② ③ ④ ⑤	41	① ② ③ ④ ⑤
2	① ② ③ ④ ⑤	12	① ② ③ ④ ⑤	22	① ② ③ ④ ⑤	32	① ② ③ ④ ⑤	42	① ② ③ ④ ⑤
3	① ② ③ ④ ⑤	13	① ② ③ ④ ⑤	23	① ② ③ ④ ⑤	33	① ② ③ ④ ⑤	43	① ② ③ ④ ⑤
4	① ② ③ ④ ⑤	14	① ② ③ ④ ⑤	24	① ② ③ ④ ⑤	34	① ② ③ ④ ⑤	44	① ② ③ ④ ⑤
5	① ② ③ ④ ⑤	15	① ② ③ ④ ⑤	25	① ② ③ ④ ⑤	35	① ② ③ ④ ⑤	45	① ② ③ ④ ⑤
6	① ② ③ ④ ⑤	16	① ② ③ ④ ⑤	26	① ② ③ ④ ⑤	36	① ② ③ ④ ⑤	46	① ② ③ ④ ⑤
7	① ② ③ ④ ⑤	17	① ② ③ ④ ⑤	27	① ② ③ ④ ⑤	37	① ② ③ ④ ⑤	47	① ② ③ ④ ⑤
8	① ② ③ ④ ⑤	18	① ② ③ ④ ⑤	28	① ② ③ ④ ⑤	38	① ② ③ ④ ⑤	48	① ② ③ ④ ⑤
9	① ② ③ ④ ⑤	19	① ② ③ ④ ⑤	29	① ② ③ ④ ⑤	39	① ② ③ ④ ⑤	49	① ② ③ ④ ⑤
10	① ② ③ ④ ⑤	20	① ② ③ ④ ⑤	30	① ② ③ ④ ⑤	40	① ② ③ ④ ⑤	50	① ② ③ ④ ⑤

〈답안지 작성 시 유의 사항〉

1. 수험번호란에는 아라비아숫자로 기재하고 해당란에 "●"와 같이 완전하게 표기하여야 합니다.
2. 답란에는 반드시 컴퓨터용 사인펜으로 표기하여야 합니다.
3. 답란에는 "●"와 같이 완전하게 표기하여야 하며, 바르지 못한 표기를 하였을 경우에는 불이익을 받을 수 있습니다.
   (잘못된 표기의 예시) ⊙ ○ ⊕ ⊗ ●)
4. 답안지에 낙서를 하거나 불필요한 표기를 하였을 경우 불이익을 받을 수 있습니다. (답안 예비 표기 금지)

성 명

수 험 번 호

| ⓪ ① ② ③ ④ ⑤ ⑥ ⑦ ⑧ ⑨ | ⓪ ① ② ③ ④ ⑤ ⑥ ⑦ ⑧ ⑨ | ⓪ ① ② ③ ④ ⑤ ⑥ ⑦ ⑧ ⑨ | ⓪ ① ② ③ ④ ⑤ ⑥ ⑦ ⑧ ⑨ | ⓪ ① ② ③ ④ ⑤ ⑥ ⑦ ⑧ ⑨ | ⓪ ① ② ③ ④ ⑤ ⑥ ⑦ ⑧ ⑨ | ⓪ ① ② ③ ④ ⑤ ⑥ ⑦ ⑧ ⑨ | ⓪ ① ② ③ ④ ⑤ ⑥ ⑦ ⑧ ⑨ |

감독관 확인(응시자는 표기하지 말 것)

결 시 자	부 정 행 위 자
감 독 관 서 명	(서명 또는 날인)

2025년도 제74회 한국사능력검정시험 문제지

※ 제74회 저격 한국사능력검정시험은 제74회 한능검의 예상 난이도, 예상 출제 유형에 맞춰 기출문제를 일부 변형하여 구성하였습니다.

※ 제74회 저격 한국사능력검정시험은 제74회 저격 키워드 50과 완벽 연계됩니다(저격 키워드 1번은 저격 한국사능력검정시험 1번의 핵심 키워드!).

> ## 시험 시작 전 문제지를 넘기면 부정행위로 간주됩니다.

○ 자신이 선택한 종류의 문제지인지 확인하십시오.

○ 답안지에 성명과 수험번호를 쓰고, 수험번호와 답은 컴퓨터용 사인펜으로 표시란에 정확히 표시하십시오.

○ 시험 시간은 10시 20분부터 11시 40분까지 80분입니다.

※응시자 유의사항을 수험표에서 다시 한 번 확인하시기 바랍니다.

1. (가) 시대의 생활 모습으로 옳은 것은? [1점]

부산 동삼동 유적에서 출토된 빗살무늬 토기는 농경과 정착 생활이 시작된 (가) 시대의 대표적 유물 중 하나입니다. 이 유적에서는 곡물 등을 가공하는 데 사용한 갈돌과 갈판도 출토되었습니다.

① 소를 이용하여 깊이갈이를 하였다.

② 주로 동굴이나 바위 그늘에서 살았다.

③ 반량전, 명도전 등의 화폐를 사용하였다.

④ 가락바퀴와 뼈바늘을 이용하여 옷을 만들었다.

⑤ 주먹도끼, 찍개 등 뗀석기를 만들기 시작하였다.

2. 밑줄 그은 '이 나라'에 대한 설명으로 옳은 것은? [2점]

이것은 쑹화강 유역에 위치했던 이 나라의 유물로 고대인의 얼굴을 추정해 볼 수 있는 귀중한 자료입니다. 이 나라에는 영고라는 제천 행사와 형사취수제라는 풍속이 있었다고 전해집니다.

금동 얼굴 모양 장식

① 혼인 풍습으로 민며느리제가 있었다.

② 여러 가(加)가 별도로 사출도를 다스렸다.

③ 왕 아래 상가, 대로, 패자 등의 관직이 있었다.

④ 사회 질서를 유지하기 위해 범금 8조를 두었다.

⑤ 제사장인 천군과 신성 지역인 소도가 존재하였다.

3. 밑줄 그은 '왕'의 활동으로 옳은 것은? [2점]

왕 31년 7월에 신라가 동북쪽 변경을 빼앗아 신주(新州)를 설치하였다. …… [이듬해] 7월에 왕이 신라를 습격하려고 몸소 보병과 기병 50명을 거느리고 밤에 구천(狗川)에 이르렀다. 신라의 복병이 일어나 더불어 싸웠으나 [적의] 병사들에게 살해되었다.

— 『삼국사기』 —

① 국호를 남부여로 개칭하였다.

② 금마저에 미륵사를 창건하였다.

③ 평양성을 공격하여 고국원왕을 전사시켰다.

④ 북위로 사신을 보내 고구려 공격을 요청하였다.

⑤ 동진에서 온 마라난타를 통해 불교를 수용하였다.

4. 다음 정책을 실시한 왕에 대한 설명으로 옳은 것은? [2점]

○ 정월에 율령을 반포하고, 처음으로 관리들의 공복(公服)을 제정 하였다. 붉은 빛과 자주 빛으로 등급을 표시하였다.

○ 4월에 이찬 철부를 상대등으로 삼아 나라의 일을 총괄하게 하였다. 상대등의 관직은 이때 처음 생겼는데, 지금의 재상과 같다.

— 『삼국사기』 —

① 이사부를 보내 우산국을 복속하였다.

② 마립간이라는 칭호를 처음 사용하였다.

③ 건원이라는 독자적인 연호를 사용하였다.

④ 화랑도를 국가적인 조직으로 개편하였다.

⑤ 자장의 건의로 황룡사 구층 목탑을 건립하였다.

5. (가), (나) 사이의 시기에 있었던 사실로 옳은 것은?　　[3점]

> (가) 왕은 당과 신라 군사들이 이미 백강과 탄현을 지났다는 소식을
> 듣고 장군 계백에게 결사대 5천 명을 거느리고 황산으로 가서 신
> 라 군사와 싸우게 하였다. 계백은 4번 싸워서 모두 이겼으나 군
> 사가 적고 힘이 모자라서 마침내 패하였다.
>
> (나) 사찬 시득이 수군을 거느리고 소부리주 기벌포에서 설인귀와 싸
> 웠는데 연이어 패배하였다. 그러나 이후 크고 작은 22번의 싸움
> 에서 승리하여 4천여 명을 죽였다.

① 의자왕이 윤충을 보내 대야성을 함락하였다.

② 연개소문이 정변을 일으켜 영류왕을 시해하였다.

③ 김춘추가 당으로 건너가 군사 동맹을 체결하였다.

④ 을지문덕이 살수에서 수의 군대를 크게 물리쳤다.

⑤ 부여풍이 백강에서 왜군과 함께 당군에 맞서 싸웠다.

6. 다음 자료에 해당하는 국가에 대한 설명으로 옳은 것은?
　　　[3점]

> ○ 벼슬은 16품계가 있다. 좌평은 5명으로 1품, 달솔은 30명으로 2
> 품, 은솔은 3품, 덕솔은 4품, 한솔은 5품, 나솔은 6품이다. 6품
> 이상은 관(冠)을 은으로 만든 꽃으로 장식하였다.
>
> ○ 그 나라의 지방에는 5방이 있다. 중방은 고사성, 동방은 득안성,
> 남방은 구지하성, 서방은 도선성, 북방은 웅진성이라 한다.
> 　　　　　　　　　　　　　　　　　　　　　　　　　－『주서』 －

① 태학과 경당을 두어 인재를 양성하였다.

② 정사암 회의에서 국가 중대사를 결정하였다.

③ 도병마사에서 변경의 군사 문제 등을 논의하였다.

④ 상수리 제도를 실시하여 지방 세력을 견제하였다.

⑤ 골품에 따라 관등 승진, 일상생활 등을 제한하였다.

7. (가)에 들어갈 내용으로 옳은 것은?　　[1점]

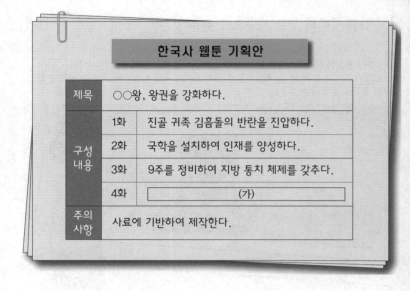

제목	○○왕, 왕권을 강화하다.	
구성 내용	1화	진골 귀족 김흠돌의 반란을 진압하다.
	2화	국학을 설치하여 인재를 양성하다.
	3화	9주를 정비하여 지방 통치 체제를 갖추다.
	4화	(가)
주의 사항	사료에 기반하여 제작한다.	

한국사 웹툰 기획안

① 병부와 상대등을 설치하다.

② 석굴암과 불국사 조성을 주도하다.

③ 관료전을 지급하고 녹읍을 폐지하다.

④ 거칠부로 하여금 국사를 편찬하게 하다.

⑤ 관리 선발을 위해 독서삼품과를 실시하다.

8. 밑줄 그은 '이 인물'에 대한 설명으로 옳은 것은?　　[2점]

> 이곳은 중국 양저우에 있는 이 인물의 기념관입니다. 그는 당에 유학하여 빈공과
> 에 급제하였고, 황소의 난이 일어나자 '격황소서(檄黃巢書)'를 지어 이름을 떨쳤습
> 니다. 또한 당에서 쓴 글을 모은 계원필경을 남겼습니다.

① 구법 순례기인 왕오천축국전을 지었다.

② 진성 여왕에게 시무책 10여 조를 올렸다.

③ 청해진을 중심으로 해상 무역을 전개하였다.

④ 한자의 음과 훈을 차용한 이두를 정리하였다.

⑤ 청방인문표를 지어 인질의 석방을 요구하였다.

9. (가) 국가에 대한 설명으로 옳은 것을 〈보기〉에서 고른 것은? [2점]

〈한국사 온라인 강좌〉

우리 연구소에서는 [(가)]의 역사적 의미를 조명하기 위해 온라인 강좌를 마련하였습니다. 관심 있는 분들의 많은 참여 바랍니다.

■ 강좌 주제 ■

제1강 일본에 보낸 외교 문서에 나타난 역사의식
제2강 정혜 공주 무덤의 구조로 알 수 있는 고분 양식
제3강 장문휴의 등주 공격을 통해 본 대외 인식
제4강 인안, 대흥 연호 사용에 반영된 천하관

■ 일시: 2021년 6월 매주 목요일 19:00~21:00
■ 방식: 화상 회의 플랫폼 활용
■ 주관: △△연구소

〈보기〉

ㄱ. 6좌평의 관제를 마련하였다.
ㄴ. 솔빈부의 말이 특산품으로 거래되었다.
ㄷ. 군사 조직으로 9서당 10정을 편성하였다.
ㄹ. 서적 관리와 문서 작성 등을 위해 문적원을 설치하였다.

① ㄱ, ㄴ   ② ㄱ, ㄷ   ③ ㄴ, ㄷ
④ ㄴ, ㄹ   ⑤ ㄷ, ㄹ

10. (가) 국가에 대한 설명으로 옳은 것은? [2점]

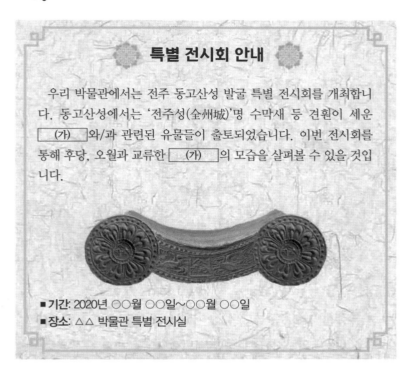

특별 전시회 안내

우리 박물관에서는 전주 동고산성 발굴 특별 전시회를 개최합니다. 동고산성에서는 '전주성(全州城)'명 수막새 등 견훤이 세운 [(가)]와/과 관련된 유물들이 출토되었습니다. 이번 전시회를 통해 후당, 오월과 교류한 [(가)]의 모습을 살펴볼 수 있을 것입니다.

■ 기간: 2020년 ○○월 ○○일~○○월 ○○일
■ 장소: △△ 박물관 특별 전시실

① 신라를 공격하여 경애왕을 죽게 하였다.
② 폐정 개혁을 목표로 정치도감을 설치하였다.
③ 국호를 마진으로 바꾸고 철원으로 천도하였다.
④ 광평성을 비롯한 각종 정치 기구를 마련하였다.
⑤ 정계와 계백료서를 지어 관리의 규범을 제시하였다.

11. 밑줄 그은 '이 왕'의 재위 시기에 있었던 사실로 옳은 것은? [2점]

안성 망이산성에서 '준풍 4년(峻豊四年)'이라는 글씨가 새겨진 기와가 발견되었습니다. 준풍이라는 연호를 사용하였던 이 왕은 백관의 공복을 정하고 개경을 황도로 명명하는 등 국왕 중심의 통치 체제 확립을 도모하였습니다.

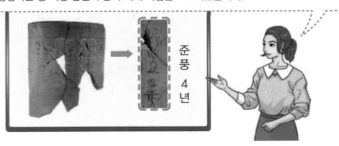

준풍 4년

① 흑창을 처음 설치하였다.
② 12목에 지방관을 파견하였다.
③ 전시과 제도를 처음 시행하였다.
④ 관학 진흥을 위해 양현고를 설치하였다.
⑤ 노비안검법을 시행하여 국가 재정 기반을 확대하였다.

12. 다음 대화에 나타난 사건에 대한 설명으로 옳은 것은?
[2점]

① 정동행성이 설치되었다.

② 호족 세력이 성장하는 계기가 되었다.

③ 강동 6주를 확보하는 데 영향을 미쳤다.

④ 이성계가 정권을 장악하는 결과를 가져왔다.

⑤ 김부식이 반란군을 진압하기 위해 출정하였다.

13. (가), (나) 사이의 시기에 있었던 사실로 옳은 것은? [3점]

> (가) 동북면병마사 간의대부 김보당이 동계(東界)에서 군대를 일으켜, 정중부와 이의방을 토벌하고 전왕(前王)을 복위시키려고 하였다. …… 동북면지병마사 한언국이 장순석 등에게 거제(巨濟)로 가서 전왕을 받들어 계림에 모시게 하였다.
>
> (나) 만적 등이 노비들을 불러 모아서 말하기를, "장군과 재상에 어찌 타고난 씨가 있겠는가? 때가 되면 누구나 할 수 있는 것이다."라고 하였다. …… 만적 등 100여 명이 체포되어 강에 던져졌다.

① 원종과 애노가 사벌주에서 봉기하였다.

② 최우가 인사 행정을 위해 정방을 설치하였다.

③ 망이·망소이의 난 등 하층민의 봉기가 발생하였다.

④ 이자겸과 척준경이 반란을 일으켜 궁궐을 불태웠다.

⑤ 명의 철령위 설치에 반발하여 요동 정벌을 추진하였다.

14. (가)에 대한 고려의 대응으로 옳은 것은? [2점]

① 광군을 조직하여 침입에 대비하였다.

② 화통도감을 설치하여 화포를 제작하였다.

③ 강화도로 도읍을 옮겨 장기 항전을 준비하였다.

④ 대장도감을 설치하여 팔만대장경을 간행하였다.

⑤ 신기군, 신보군, 항마군으로 구성된 별무반을 창설하였다.

15. 다음 자료에 나타난 시기의 경제 상황으로 옳은 것은?
[1점]

> ○ 화폐를 주조하는 법을 제정하여, 그것에 따라 주조한 전(錢) 15,000관을 재추와 문무 양반 및 군인에게 나누어 주어 화폐 사용의 시작점으로 삼고 이름을 해동통보라고 하였다.
>
> ○ 주현에 명령하여 미곡을 내어 술과 음식을 파는 점포를 열고 백성에게 교역을 허락하여 전(錢)의 이로움을 알게 하였다.

① 활구라고 불리는 은병이 유통되었다.

② 초량 왜관을 통해 일본과 교역하였다.

③ 덕대가 광산을 전문적으로 경영하였다.

④ 송상이 전국 각지에 송방을 설치하였다.

⑤ 시장을 감독하기 위해 동시전을 설치하였다.

16. 교사의 질문에 대한 학생의 답변으로 옳은 것은? [2점]

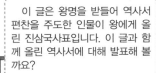

이 글은 왕명을 받들어 역사서 편찬을 주도한 인물이 왕에게 올린 진삼국사표입니다. 이 글과 함께 올린 역사서에 대해 발표해 볼까요?

신라, 고구려, 백제가 기틀을 잡고 세 세력이 서로 대립하면서 …… 삼가, 본기 28권, 연표 3권, 지(志) 9권, 열전 10권을 찬술하였습니다. 여기에 표문(表文)을 붙여 성상께 올립니다.
- 『진삼국사표(進三國史表)』 -

① 남북국이라는 용어가 처음 사용되었다.
② 사초, 시정기 등을 바탕으로 편찬되었다.
③ 단군의 고조선 건국 이야기가 수록되었다.
④ 고구려 시조의 일대기가 서사시로 표현되었다.
⑤ 유교 사관에 입각하여 기전체 형식으로 서술되었다.

17. (가)에 해당하는 문화유산으로 옳은 것은? [2점]

우리 고장의 문화유산에 대해 말해 보자.

국보 제323호이자 고려 시대 최대 규모의 불상인 (가) 이/가 있어.

은진 미륵이라고도 불리는데, 거대하고 투박하면서도 지역적 특색을 담고 있지.

① 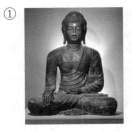 ②  ③
④  ⑤

18. 밑줄 그은 '그'에 대한 설명으로 옳은 것은? [2점]

이것은 개경 흥왕사 터에서 출토된 대각국사의 묘지명 탁본입니다. 여기에는 문종의 넷째 아들인 그가 송에 유학하고 돌아온 후 국청사를 중심으로 천태종을 개창한 내용이 기록되어 있습니다.

① 화엄일승법계도를 지어 화엄 사상을 정리하였다.
② 불교 개혁을 주장하며 수선사 결사를 조직하였다.
③ 선문염송집을 편찬하고 유불 일치설을 주장하였다.
④ 불교 경전에 대한 주석서를 모아 교장을 편찬하였다.
⑤ 보현십원가를 지어 불교 교리를 대중에게 전파하였다.

19. 다음 대화에 등장하는 왕의 재위 시기에 있었던 사실로 옳은 것은? [3점]

전하께서 명하신 대로 장악원에 소장된 의궤와 악보를 새로이 교감하여 악학궤범을 완성하였습니다.

예조 판서 성현을 비롯하여 편찬에 공을 세운 이들에게 차등을 두어 상을 내리도록 하라.

① 집현전을 계승한 홍문관이 설치되었다.
② 동국문헌비고를 편찬하여 역대 문물을 정리하였다.
③ 문하부를 폐지하고 낭사를 사간원으로 독립시켰다.
④ 삼남 지방의 농법을 소개한 농사직설이 편찬되었다.
⑤ 현직 관리에게만 수조지를 지급하는 직전법을 실시하였다.

20. 다음 주장이 공통으로 제기된 시기를 연표에서 옳게 고른 것은? [1점]

○ 중앙에서는 홍문관·육경·대간, 지방에서는 감사와 수령이 천거한 사람들을 한 곳에 모아 시험을 치르면 많은 인재를 얻을 수 있을 것입니다. 이는 한(漢)에서 시행한 현량과의 뜻을 이은 것입니다.

○ 정국공신은 이미 10년이 지난 일이지만 허위가 많았습니다. 공신 기록을 유자광이 홀로 맡아서 이렇게까지 외람되었습니다. 지금 고치지 않으면 개정할 수 없을 것입니다.

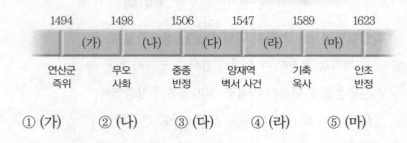

1494	1498	1506	1547	1589	1623
(가)	(나)	(다)	(라)	(마)	
연산군 즉위	무오 사화	중종 반정	양재역 벽서 사건	기축 옥사	인조 반정

① (가) ② (나) ③ (다) ④ (라) ⑤ (마)

21. (가)~(라) 전투를 일어난 순서대로 옳게 나열한 것은? [2점]

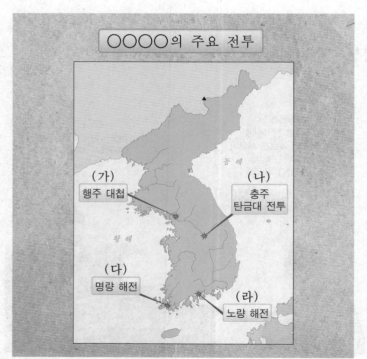

① (가) – (나) – (다) – (라)

② (가) – (나) – (라) – (다)

③ (나) – (가) – (다) – (라)

④ (나) – (가) – (라) – (다)

⑤ (다) – (나) – (가) – (라)

22. (가) 궁궐에 대한 설명으로 옳은 것은? [3점]

대왕대비가 전교하였다. " (가) 은/는 우리 왕조에서 수도를 세울 때 맨 처음 지은 정궁이다. …… 그러나 불행하게도 전란에 의해 불타버린 후 미처 다시 짓지 못하여 오랫동안 뜻있는 선비들의 개탄을 자아내었다. …… 이 궁궐을 다시 지어 중흥의 큰 업적을 이루려면 여러 대신과 함께 의논해보지 않을 수 없다."
– 『고종실록』 –

① 일제에 의해 동물원 등이 설치되었다.

② 도성 내 서쪽에 있어 서궐로 불리었다.

③ 왕실 도서관인 규장각이 설치된 곳이다.

④ 두 차례의 미소 공동 위원회가 개최되었다.

⑤ 명성 황후가 일본 낭인들에 의해 시해된 장소이다.

23. (가)~(다)를 일어난 순서대로 옳게 나열한 것은? [2점]

(가) 임금이 궐내에 있던 기름 먹인 장막을 허적이 벌써 가져갔음을 듣고 노하여 이르기를, "궐내에서 쓰는 것을 마음대로 가져가는 것은 한명회도 못하던 짓이다."라고 하였다. …… 임금이 허적의 당파가 많아 기세가 당당하다는 말을 듣고 그들을 제거하고자 결심하였다.

(나) 비망기를 내려, "국운이 안정되어 왕비가 복위하였으니, 백성에게 두 임금이 없는 것은 고금을 통한 의리이다. 장씨의 왕후 지위를 거두고 옛 작호인 희빈을 내려 주되, 세자가 조석으로 문안하는 예는 폐하지 않도록 하라."라고 하였다.

(다) 임금이 말하기를, "송시열은 산림의 영수로서 나라의 형세가 험난한 때에 감히 원자(元子)의 명호를 정한 것이 너무 이르다고 하였으니, 삭탈관작하고 성문 밖으로 내쳐라. 반드시 송시열을 구하려는 자가 있겠지만, 그런 자는 비록 대신이라 하더라도 용서하지 않을 것이다."라고 하였다.

① (가) – (나) – (다)   ② (가) – (다) – (나)

③ (나) – (가) – (다)   ④ (나) – (다) – (가)

⑤ (다) – (나) – (가)

24. 다음 주장이 제기된 시기에 볼 수 있는 모습으로 적절하지 않은 것은? [1점]

> 우리나라 은화는 연경과의 무역에 모두 써버린다. 하늘이 낸 이 보화를 가지고 비단·식물·그릇·사치품 따위를 멀리서 사들여 와 하루도 못가서 소비해 버린다. 나라에서 생산하는 은이 부족한 까닭에, 일본 은을 들여다가 간신히 채우려고 하지만 나라의 은이 모두 바닥이 난다. 병화(兵禍)가 생긴다면 장차 어떻게 대처할 것인가?
> — 『성호사설』 —

① 담배를 밭에 심고 있는 농민
② 한글 소설을 읽고 있는 부녀자
③ 과전법에 따라 토지를 지급받는 관원
④ 시사(詩社)를 조직하여 활동하는 중인
⑤ 물주의 자금으로 광산을 경영하는 덕대

25. (가), (나) 인물에 대한 설명으로 옳은 것은? [2점]

① (가) - 의산문답에서 무한 우주론을 주장하였다.
② (가) - 양반전에서 양반의 위선과 무능을 지적하였다.
③ (나) - 서얼 출신으로 규장각 검서관에 임명되었다.
④ (나) - 마과회통에서 홍역에 대한 지식을 정리하였다.
⑤ (가), (나) - 연행사의 일원으로 청에 다녀와 연행록을 남겼다.

26. (가) 왕이 추진한 정책으로 옳은 것은? [2점]

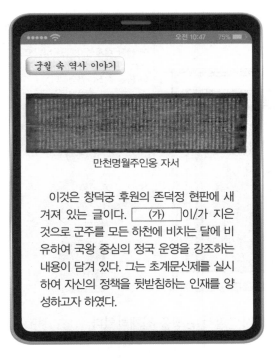

> **궁궐 속 역사 이야기**
>
> 만천명월주인옹 자서
>
> 이것은 창덕궁 후원의 존덕정 현판에 새겨져 있는 글이다. (가) 이/가 지은 것으로 군주를 모든 하천에 비치는 달에 비유하여 국왕 중심의 정국 운영을 강조하는 내용이 담겨 있다. 그는 초계문신제를 실시하여 자신의 정책을 뒷받침하는 인재를 양성하고자 하였다.

① 수도 방어를 위하여 금위영을 창설하였다.
② 대외 관계를 정리한 동문휘고를 간행하였다.
③ 이인좌를 중심으로 소론 세력 등이 난을 일으켰다.
④ 청의 요청으로 나선 정벌에 조총 부대를 파견하였다.
⑤ 각 궁방과 중앙 관서의 공노비 6만여 명을 해방하였다.

27. (가) 종교에 대한 설명으로 옳은 것은? [3점]

> 이것은 황사영이 쓴 백서입니다. 백서에는 (가) 에 대한 정부의 탄압 상황과 신앙의 자유를 얻기 위해 외국 군대의 출병을 요청하는 내용 등이 쓰여 있습니다.

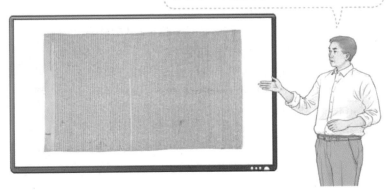

① 미륵불이 세상을 구원한다고 예언하였다.
② 동경대전과 용담유사를 경전으로 삼았다.
③ 프랑스와의 조약을 통해 포교가 허용되었다.
④ 박중빈을 중심으로 새생활 운동을 전개하였다.
⑤ 마음속에 한울님을 모시는 시천주를 강조하였다.

28. (가) 인물에 대한 설명으로 옳은 것은? [2점]

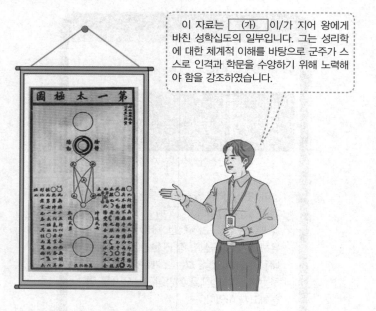

이 자료는 (가) 이/가 지어 왕에게 바친 성학십도의 일부입니다. 그는 성리학에 대한 체계적 이해를 바탕으로 군주가 스스로 인격과 학문을 수양하기 위해 노력해야 함을 강조하였습니다.

① 기대승과 사단칠정 논쟁을 전개하였다.

② 양명학을 연구하여 강화학파를 형성하였다.

③ 기축봉사를 올려 명에 대한 의리를 내세웠다.

④ 해주 향약을 시행하여 향촌 교화를 위해 노력하였다.

⑤ 가례집람을 저술하여 예학을 조선의 현실에 맞게 정리하였다.

29. 밑줄 그은 ⊙이 원인이 되어 발생한 사건에 대한 설명으로 옳은 것은? [1점]

해군 제독 로즈 귀하

당신이 지휘하는 해군 병력에 주저없이 호소합니다. ⊙프랑스인 주교 2명과 선교사 9명을 희생시킨 사건이 조선에서 벌어졌습니다. 이에 대한 확실한 복수가 필요합니다. 당신의 지휘로 가능한 모든 수단을 사용하여 조선에 대한 공격을 최대한 빨리 개시하도록 간곡히 요청합니다.

7월 13일 베이징에서
벨로네

① 삼정이정청이 설치되었다.

② 신유박해로 많은 천주교도가 처형되었다.

③ 운요호가 강화도와 영종도를 공격하였다.

④ 한성근 부대가 문수산성에서 항전하였다.

⑤ 오페르트가 남연군 묘 도굴을 시도하였다.

30. 밑줄 그은 '이 사건'의 영향으로 옳은 것은? [2점]

사료로 보는 한국사

제1조
이하응을 보정성성(保定省城)으로 이송하여 청하도의 옛 관서에 거주시키도록 한다. …… 이하응에게 오가는 서신 일체는 밀봉할 수 없으며 간수 위원의 검열을 거쳐야 보낼 수 있다. 밀봉되었거나 한글로 된 서신은 위원이 반송한다.

[해설] 청으로 끌려간 흥선 대원군(이하응)을 감시하기 위해 만들어진 규정의 일부이다. 개화 정책에 대한 불만과 구식 군인에 대한 차별 대우로 일어난 이 사건을 진압한 청은 그 책임을 물어 흥선 대원군을 납치해 갔다.

① 김윤식이 청에 영선사로 파견되었다.

② 어재연 부대가 광성보에서 항전하였다.

③ 전개 과정에서 홍범 14조가 반포되었다.

④ 통리기무아문이 설치되는 계기가 되었다.

⑤ 마젠창과 묄렌도르프가 고문으로 파견되었다.

31. (가), (나) 조약에 대한 설명으로 옳은 것을 〈보기〉에서 고른 것은? [2점]

(가) 제5관 미국 상인과 상선이 조선에 와서 무역을 할 때 입출항하는 화물은 모두 세금을 바쳐야 하며, 세금을 거두는 권한은 조선이 자주적으로 행사한다.

(나) 제37관 조선국에서 가뭄과 홍수, 전쟁 등의 일로 국내에 양식이 부족할 것을 우려하여 일시 쌀 수출을 금지하려고 할 때에는 1개월 전에 지방관이 일본 영사관에 통지하고, 미리 그 기간을 항구에 있는 일본 상인들에게 전달하여 일률적으로 준수하는 데 편리하게 한다.

① (가) - 갑신정변의 영향으로 체결되었다.

② (가) - 방곡령 시행에 대한 규정을 명시하였다.

③ (나) - 일본 공사관에 경비병이 주둔하는 계기가 되었다.

④ (나) - 일본인 재정 고문을 두도록 하는 조항을 담고 있다.

⑤ (가), (나) - 최혜국 대우의 조항이 들어 있다.

32. 밑줄 그은 '개혁'의 내용으로 옳은 것은? [2점]

이 그림은 군국기무처에서 회의하는 모습입니다. 그림의 아래쪽에는 총재 김홍집 등 회의에 참여한 관리들의 이름이 적혀 있습니다. 군국기무처는 개혁을 추진하면서 수개월 동안 200여 건의 안건을 의결하였습니다.

① 태양력을 공식 채택하였다.
② 양전 사업을 실시하여 지계를 발급하였다.
③ 지방 행정 구역을 8도에서 23부로 개편하였다.
④ 청의 연호를 쓰지 않고 개국기년을 사용하였다.
⑤ 교육의 기본 방향을 제시한 교육 입국 조서를 반포하였다.

33. (가)~(다)를 일어난 순서대로 옳게 나열한 것은? [1점]

(가) 왕이 경복궁을 나오니 이범진, 이윤용 등이 러시아 공사관으로 옮기게 하였다. 김홍집 등이 군중에게 잡혀 살해되자 유길준, 장박 등은 도주하였다.

(나) 오늘 대군주 폐하께서 내리신 조칙에서 "짐이 신민(臣民)에 앞서 머리카락을 자르니, 너희들은 짐의 뜻을 잘 본받아 만국과 나란히 서는 대업(大業)을 이루라."라고 하셨다.

(다) 광화문을 통해 들어온 일본 병사들은 건청궁으로 침입하였다. …… 일본 장교는 흉악한 일본 자객들이 왕후를 수색하는 것을 도왔다. 자객들은 여러 방을 샅샅이 뒤졌고 마침내 왕후를 찾아내어 시해하였다.

① (가) – (나) – (다)
② (가) – (다) – (나)
③ (나) – (가) – (다)
④ (나) – (다) – (가)
⑤ (다) – (나) – (가)

34. (가) 단체의 활동으로 옳은 것은? [2점]

11월 4일 밤, 조병식 등은 건의소청 및 도약소의 잡배들로 하여금 광화문 밖의 내국 조방 및 큰길가에 익명서를 붙이도록 하였다. …… 익명서는 "(가) 이/가 11월 5일 본관에서 대회를 열고, 박정양을 대통령으로, 윤치호를 부통령으로, 이상재를 내부대신으로 …… 임명하여 나라의 체제를 공화 정치 체제로 바꾸려 한다."라고 꾸며서 폐하께 모함하고자 한 것이다.

– 『대한계년사』 –

① 고종 강제 퇴위 반대 운동을 주도하였다.
② 영은문이 있던 자리 부근에 독립문을 건립하였다.
③ 외교 활동을 펼치기 위해 구미 위원부를 설치하였다.
④ 독립 운동 자금 마련을 위해 독립 공채를 발행하였다.
⑤ 여성의 평등한 권리를 주장하는 여권통문을 발표하였다.

35. 다음 자료에 나타난 상황 이후의 사실로 옳은 것은? [3점]

오늘 신문에 강화(講和) 조약 전문이 공개되었다. 러시아는 일본이 조선에서 갖고 있는 막대한 정치적·군사적·경제적 이익을 인정하고, 일본이 조선의 내정을 지도·보호 및 감리(監理)하는 데 필요하다고 여기는 어떠한 조치도 방해하거나 간섭하지 않을 것을 약속하였다. …… 러시아는 전쟁으로 교훈을 얻었다. 일본은 전쟁으로 영예를 얻었다. 조선은 전쟁으로 최악의 것을 얻었다.

– 『윤치호 일기』 –

① 최익현이 태인에서 의병을 일으켰다.
② 스티븐스가 외교 고문으로 부임하였다.
③ 영국이 거문도를 불법으로 점령하였다.
④ 동학 농민군이 우금치에서 관군 및 일본군에 맞서 싸웠다.
⑤ 군사 전략상 필요한 지역을 일본에 제공하는 한일 의정서를 체결하였다.

36. 밑줄 그은 '이 단체'에 대한 설명으로 옳은 것은? [2점]

이 신문 광고를 낸 태극 서관에 대해 말씀해 주세요.

태극 서관은 신지식 보급과 민족의식 고취를 위해 운영되었습니다. 또한 대성 학교와 오산 학교를 세운 이 단체의 산하 기관 역할을 하기도 하였습니다.

〈보기〉
ㄱ. 일제가 조작한 105인 사건으로 와해되었다.
ㄴ. 중추원 개편을 통해 의회 설립을 추진하였다.
ㄷ. 양기탁, 이승훈 등이 비밀 결사로 조직하였다.
ㄹ. 배재 학당을 세워 신학문을 보급하고자 하였다.

① ㄱ, ㄴ   ② ㄱ, ㄷ   ③ ㄴ, ㄷ
④ ㄴ, ㄹ   ⑤ ㄷ, ㄹ

37. 다음 법령이 시행된 시기에 있었던 사실로 옳은 것은? [1점]

제2조 즉결은 정식 재판을 하지 않으며 피고인의 진술을 듣고 증빙을 취조한 후 곧바로 언도해야 한다.
제11조 제8조, 제9조에 의한 유치 일수는 구류의 형기에 산입하고, 태형의 언도를 받은 자에 대하여는 1일을 태 5로 절산하여 태 수에 산입하며, 벌금 또는 과료의 언도를 받은 자에 대하여는 1일을 1원으로 절산하여 그 금액에 산입한다.

① 회사령을 공포하였다.
② 국가 총동원법이 제정되었다.
③ 경성 제국 대학을 설립하였다.
④ 산미 증식 계획을 실시하였다.
⑤ 동양 척식 주식회사가 설립되었다.

38. 다음 자료에 나타난 민족 운동에 대한 설명으로 옳은 것은? [2점]

그날 오후 2시 10분 파고다 공원에 모였던 수백 명의 학생들이 10여 년간 억눌려 온 감정을 터뜨려 '만세, 독립 만세'를 외치자 뇌성벽력 같은 소리에 공원 근처에 살던 시민들도 크게 놀랐다. 공원 문을 쏟아져 나온 학생들은 종로 거리를 달리며 몸에 숨겼던 선언서들을 길가에 뿌리며 거리를 누볐다. 윌슨 대통령이 주장한 약소민족의 자결권이 실현되는 신세계가 시작된 것이다. 시위 학생들은 덕수궁 문 앞에 당도하자 붕어하신 고종에게 조의를 표하고 잠시 멎었다.

– 스코필드 기고문 –

① 통감부의 방해와 탄압으로 중단되었다.
② 대한민국 임시 정부 수립의 계기가 되었다.
③ 정우회 선언을 발표하는 데 영향을 주었다.
④ 대한매일신보의 지원을 받아 전국적으로 확산되었다.
⑤ 성진회와 각 학교 독서회에 의해 전국적으로 확산하였다.

39. (가) 지역에서 전개된 민족 운동에 대한 설명으로 옳은 것은? [3점]

국외 민족 운동 유적지 답사 안내

우리 학회에서는 (가) 지역의 민족 운동을 조명하는 답사를 진행하고자 합니다. 관심 있는 분들의 많은 참여 바랍니다.

■기간: 2020년 ○○월 ○○일~○○일
■답사 코스
다뉴바 애국선열 기념비 → 리들리 한인 이민 역사 기념각 → 장인환, 전명운 의거지 → 공립 협회 회관 터
■주관: □□학회

① 권업회를 조직하고 신문을 발행하였다.
② 한인 자치 기구인 경학사가 설립되었다.
③ 민족 교육을 위해 서전서숙을 건립하였다.
④ 유학생들을 중심으로 2·8 독립 선언서를 발표하였다.
⑤ 독립군 비행사 양성을 위해 한인 비행 학교를 설립하였다.

40. 밑줄 그은 '회의'가 개최된 시기를 연표에서 옳게 고른 것은? [2점]

이 자료는 대한민국 임시 정부가 침체에 빠지자 독립운동의 새로운 활로와 방향을 모색하기 위해 상하이에서 개최된 회의의 의사일정입니다. 국내외 각지에서 온 대표들은 대한민국 임시 정부에 대한 처리를 둘러싸고 창조파와 개조파 등으로 나뉘어 격론을 벌였습니다.

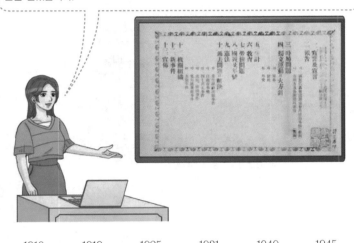

1910	1919	1925	1931	1940	1945
(가)	(나)	(다)	(라)	(마)	
국권 피탈	대한민국 임시 정부 수립	이상룡 국무령 취임	만주 사변	김구 주석 취임	8·15 광복

① (가)   ② (나)   ③ (다)   ④ (라)   ⑤ (마)

41. (가) 단체의 활동으로 옳은 것은? [2점]

이 동상은 박재혁 의사의 1920년 의거를 기념하여 세운 것입니다. 그는 김원봉, 윤세주 등이 만주 지린성에서 창설한 (가) 에 가입한 후, 고서상으로 위장하여 부산 경찰서에 들어가 폭탄을 터뜨렸습니다.

① 중광단을 조직하여 무장 투쟁을 전개하였다.
② 한글 맞춤법 통일안과 표준어를 제정하였다.
③ 삼균주의를 기초로 한 건국 강령을 발표하였다.
④ 단원인 김상옥은 종로 경찰서에 폭탄을 투척하였다.
⑤ 이봉창이 도쿄에서 일왕이 탄 마차를 향해 폭탄을 던졌다.

42. 다음 지역에서 있었던 사실로 옳은 것은? [3점]

○○시 역사 여행

출발 — 신석기 문화 동삼동 패총 전시관 / 정발의 충절 정공단 / 임시 수도 대통령 관저 임시 수도 기념관 / 안희제와 백산 상회 백산 기념관 — 도착

① 내상이 무역 활동을 전개하였다.
② 제1차 미·소 공동 위원회가 개최되었다.
③ 인조가 피신하여 청군과 항전을 전개하였다.
④ 홍건적의 침략 당시 공민왕이 피란한 곳이다.
⑤ 노동자 강주룡이 을밀대 지붕에서 고공 농성을 벌였다.

43. 밑줄 그은 '시기'에 시행된 일제의 정책으로 옳은 것은? [1점]

이 자료는 중일 전쟁 이후 일제가 침략 전쟁을 확대하던 시기에 만든 황국 신민 체조 실시 요령입니다. 일제는 이 체조를 보급하기 위해 '황국 신민 체조의 날'을 정하고 전국 곳곳에서 강습회를 개최하였습니다.

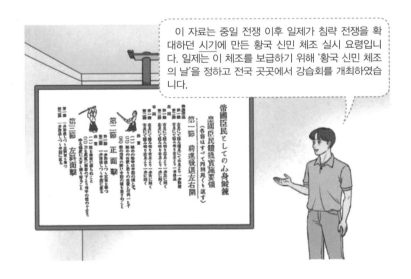

① 보통학교의 수업 연한을 4년으로 정하였다.
② 애국반을 조직하여 한국인의 생활을 통제하였다.
③ 강압적 통치를 목적으로 헌병 경찰 제도를 실시하였다.
④ 사회주의자를 탄압하기 위한 치안 유지법을 제정하였다.
⑤ 근대적 토지 소유권 확립을 명분으로 토지 조사 사업을 실시하였다.

44. (가) 군대에 대한 설명으로 옳은 것은? [2점]

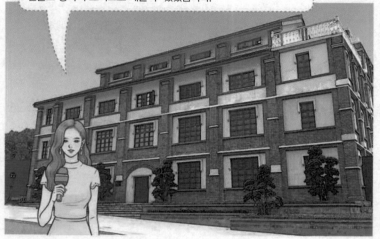

이것은 대한민국 임시 정부 산하의 (가) 총사령부 건물로, 지난 3월 이곳 충칭의 옛 터에 복원되었습니다. 과거 임시 정부가 중국의 도움으로 (가) 을/를 창설하였듯이, 오늘날 이 총사령부 건물도 양국의 노력으로 세울 수 있었습니다.

① 흥경성에서 일본군을 격퇴하였다.

② 자유시 참변으로 큰 타격을 입었다.

③ 대전자령 전투에서 크게 활약하였다.

④ 영국군의 요청으로 인도·미얀마 전선에 투입되었다.

⑤ 중국 관내(關內)에서 결성된 최초의 한인 무장 부대였다.

45. 다음 가상 인터뷰의 주인공에 대한 설명으로 옳은 것은? [2점]

선생께서 한국독립운동지혈사를 저술하신 동기를 말씀해 주시겠습니까?

일제의 침략과 탄압에 맞선 우리 독립 투쟁의 역사를 구체적인 자료를 통해 보여 주고, 한국인의 긍지와 민족의식을 고양시키고자 책을 쓰게 되었습니다.

① 조선 혁명 선언을 작성하였다.

② 진단 학회를 창립하고 진단 학보를 발행하였다.

③ 민족의 얼을 강조하고 조선학 운동을 추진하였다.

④ 헤이그에서 열린 만국 평화 회의에 특사로 파견되었다.

⑤ 실천적인 유교 정신을 강조하는 유교구신론을 저술하였다.

46. (가) 전쟁 중에 있었던 사실로 옳지 않은 것은? [2점]

역사 뮤지컬

기적의 항해

MEREDITH VICTORY

한 척의 배로 가장 많은 인명을 대피시킨 메러디스 빅토리호!

(가) 전쟁 중의 흥남 철수 당시 배에 실린 군수 물자를 내리고 14,000여 명의 피난민을 구출한 감동적인 이야기가 펼쳐집니다.

◈ 일시: 2023년 ○○월 ○○일 19:00
◈ 장소: △△ 문화회관 대극장

① 부산이 임시 수도로 정해졌다.

② 국민 방위군 사건이 발생하였다.

③ 한미 상호 방위 조약이 체결되었다.

④ 인천 상륙 작전 이후 서울을 수복하였다.

⑤ 비상 계엄이 선포된 가운데 발췌 개헌안이 통과되었다.

47. 교사의 질문에 대한 학생의 답변으로 옳은 것은? [1점]

> 이 노래는 새마을 운동을 처음 시작한 정부에서 보급한 것입니다. 새마을 운동은 도시와 농촌의 균형있는 발전을 목표로 근면, 자조, 협동을 구호로 내걸었습니다. 이 정부 시기의 경제 상황에 대해 말해 볼까요?

새마을 노래

1. 새벽종이 울렸네 새아침이 밝았네
   너도 나도 일어나 새마을을 가꾸세
   살기 좋은 내 마을 우리 힘으로 만드세

2. 초가집도 없애고 마을 길도 넓히고
   푸른 동산 만들어 알뜰살뜰 다듬세
   살기 좋은 내 마을 우리 힘으로 만드세

① 처음으로 수출액 100억 달러가 달성되었다.

② 미국의 경제 원조로 삼백 산업이 발달하였다.

③ 저금리, 저유가, 저달러의 3저 호황이 있었다.

④ 개성 공단 건설을 통해 남북 간 경제 교류가 활성되었다.

⑤ 경제적 취약 계층을 위한 국민 기초 생활 보장법이 시행되었다.

48. 다음 명령을 시행한 정부 시기에 있었던 사실로 옳은 것은? [2점]

금융실명거래 및 비밀보장에 관한 긴급재정경제명령

제1조(목적) 이 명령은 실지명의에 의한 금융거래를 실시하고 그 비밀을 보장하여 금융거래의 정상화를 기함으로써 경제정의를 실현하고 국민경제의 건전한 발전을 도모함을 목적으로 한다.

제3조(금융실명거래) ① 금융기관은 거래자의 실지명의(이하 "실명"이라 한다)에 의하여 금융거래를 하여야 한다.

② 금융기관은 이 명령 시행 전에 금융거래계좌가 개설된 금융자산(이하 "기존금융자산"이라 한다)의 명의인에 대하여는 이 명령 시행 후 최초의 금융거래가 있는 때에 그 명의가 실명인지의 여부를 확인하여야 한다. ……

제5조(기존비실명자산의 실명전환의무) ① 실명에 의하지 아니하고 거래한 기존금융자산(이하 "기존비실명자산"이라 한다)의 거래자는 이 명령 시행일부터 2월(이하 "실명전환의무기간"이라 한다) 이내에 그 명의를 실명으로 전환하여야 한다. 이 경우 실명전환의무기간은 대통령령이 정하는 바에 의하여 1월의 범위 안에서 이를 연장할 수 있다. ……

---

① 경부 고속 도로가 준공되었다.

② 야간 통행 금지가 해제되었다.

③ 서울 올림픽 대회가 개최되었다.

④ 양성 평등의 실현을 위해 호주제를 폐지하였다.

⑤ 역사 바로 세우기를 내세우며 옛 조선 총독부 건물을 철거하였다.

49. 밑줄 그은 '민주화 운동'에 대한 설명으로 옳은 것은?

[2점]

이것은 당시 치안 본부 남영동 대공 분실에서 고문을 당하여 죽은 박종철에 대한 국민 추도회 사진이야.

이 고문치사 사건은 호헌 철폐·독재 타도를 외쳤던 민주화 운동의 도화선이 되었어.

민주화 운동 사진전

① 장면 내각이 출범하는 배경이 되었다.

② 유신 체제가 붕괴되는 결과를 가져왔다.

③ 한일 국교 정상화에 반대하여 일어났다.

④ 직선제 개헌을 약속한 6·29 선언을 이끌어냈다.

⑤ 신군부의 비상 계엄 확대와 무력 진압에 저항하였다.

50. 다음 연설이 있었던 정부 시기의 통일 노력으로 옳은 것은?

[3점]

나는 3년 전 이 자리에서 서울 올림픽의 감명을 전했습니다. …… 며칠 전 남북한이 다른 의석으로 유엔에 가입한 것은 가슴 아픈 일이지만 통일을 위해 거쳐야 할 중간 단계입니다. 남북한의 두 의석이 하나로 되는 데는 오랜 시간이 걸리지 않을 것으로 믿습니다.

① 민족 자존과 통일 번영을 위한 7·7 선언을 발표하였다.

② 남북 정상 회담을 개최하고 6·15 남북 공동 선언을 채택하였다.

③ 최초의 이산가족 고향 방문과 예술 공연단 교환을 실현하였다.

④ 7·4 남북 공동 성명을 실천하기 위해 남북 조절 위원회를 구성하였다.

⑤ 남북 관계 발전과 평화 번영을 위한 10·4 남북 정상 선언에 서명하였다.